To B产品经理入门
产品策划和商业运营手册

李鑫 ◎著

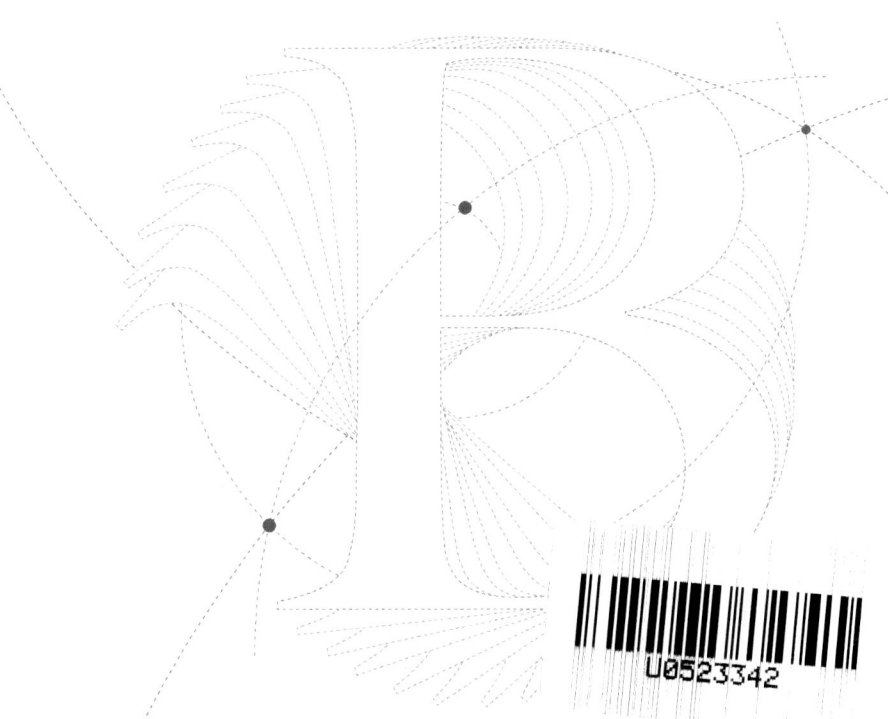

电子工业出版社
Publishing House of Electronics Industry
北京·BEIJING

内 容 简 介

本书主要介绍 To B 产品经理入门相关的知识，是一本可快速上手的实操手册。全书分为三个大篇章：第一篇为入门篇，旨在帮助读者快速了解 To B 产品经理的行业背景、能力模型、工作内容等知识；第二篇为产品策划篇，旨在向读者系统性地介绍 To B 产品的常见形态、策划方法、设计方法等内容；第三篇为商业运营篇，旨在向读者介绍 To B 产品的定价策略、服务协议、运营流程、宣传推广、客户成功等内容。

本书适合 To B 行业的从业者。特别对以下人群具有指导意义：有志成为 To B 产品经理的大学生；0～1 岁的 To B 产品经理；想要从 To C 转型为 To B 的产品经理；想要转型成为 To B 产品经理的技术人员。

未经许可，不得以任何方式复制或抄袭本书之部分或全部内容。
版权所有，侵权必究。

图书在版编目（CIP）数据

To B 产品经理入门：产品策划和商业运营手册 / 李鑫著. —北京：电子工业出版社，2021.2
ISBN 978-7-121-40464-1

Ⅰ. ①T… Ⅱ. ①李… Ⅲ. ①企业管理－产品管理－手册 Ⅳ. ①F273.2-62

中国版本图书馆 CIP 数据核字（2021）第 007686 号

责任编辑：陈　林
印　　刷：北京虎彩文化传播有限公司
装　　订：北京虎彩文化传播有限公司
出版发行：电子工业出版社
　　　　　北京市海淀区万寿路 173 信箱　邮编：100036
开　　本：720×1000　1/16　印张：14.25　字数：228 千字
版　　次：2021 年 2 月第 1 版
印　　次：2023 年 2 月第 2 次印刷
定　　价：79.00 元

凡所购买电子工业出版社图书有缺损问题，请向购买书店调换。若书店售缺，请与本社发行部联系，联系及邮购电话：（010）88254888，88258888。

质量投诉请发邮件至 zlts@phei.com.cn，盗版侵权举报请发邮件至 dbqq@phei.com.cn。

本书咨询联系方式：（010）51260888-819，faq@phei.com.cn。

推荐语

都说做 To C 产品是吃青春饭，做 To B 产品是越老越吃香。在我看来，这是因为做 To B 产品需要对产业、行业有更长时间的积淀。相比前两年 To B 产品经理的书，本书对 To B 产品的认知更加全面，也讲了不少商业运营的话题，让我受益匪浅，推荐阅读。

——苏杰 产品创新顾问，《人人都是产品经理》系列图书作者

在消费互联网大幅升级之后，产业互联网逐渐"走到"舞台中央，时代也在"召唤"更多优秀的 To B 产品。经常有 SaaS 行业 CEO 问我有没有可以推荐的 To B 产品总监和产品经理，我往往无人可荐。这是因为国内这方面人才稀缺，而优秀的人才也都在岗。基于此，我期待更多优秀 To B 产品经理的出现，期待更多人阅读《To B 产品经理入门》。

——吴昊 SaaS 创业顾问、《SaaS 创业路线图》作者

李鑫的新书《To B 产品经理入门》从入门篇、产品策划篇、商业运营篇三个角度，详细地介绍了 To B 产品经理的各个方面，并且在书中穿插了很多案例供读者学习和思考。这本书会助力读者在 To B 产品领域的职业发展，推荐大家阅读。

——李宽 产品专家，《B 端产品经理必修课》系列图书作者

这本书让我眼前一亮。作者不但讲清楚了 To B 产品的策划方法和技巧，更重要的是，可以帮读者厘清很多底层的逻辑和关系。本书让读者在学会"如何

做"的同时，可以更加深入地理解"为什么这么做"，帮助读者在 To B 产品经理的职业道路上走得更远。

——刘涵宇 连续创业者，腾讯前高级产品经理，《解构产品经理》作者

在产业互联网和全方位数字化加速推进的大背景下，越来越多的企业更加重视通过互联网技术来实现降本增效乃至模式升级的目的。因此，To B 产品及 To B 产品经理就自然而然受到更多的关注。To B 产品经理是当下一个可以良好和持续发展的职业，对于想入门这个领域的读者，这本书可以提供一个全链路的参考。

——朱百宁 蚂蚁集团产品总监，《自传播》作者

作为用户，通常对 To C 产品更容易理解，入门也就简单一些。To B 产品概念复杂，工作方法也大不相同，很难单纯依赖想象和碎片的描述去付诸实践。《To B 产品经理入门》就是一本不错的指导手册。读者通过本书能够对 To B 产品经理的工作内容有相对完善的了解。书中案例丰富，我自己也获益良多。

——刘飞 阿里巴巴高级产品专家，《产品思维》作者

一款 To B 产品的商业孵化及运营过程是复杂、漫长且会受到多种因素影响的。在这个过程中，产品经理起到了定调和掌舵的作用。产品经理需要持续不断地对产品进行打磨，甚至对产品模式进行推演，才能实现对整个过程的预判和把控，本书作者在这些方面都拥有完整的经历。

本书通俗易懂地介绍了 To B 产品及 To B 产品经理的各个方面。如果你对 To B 产品充满兴趣，想要成为一个 To B 产品经理，那么我强烈推荐你通读本书，它将会是你入门 To B 产品经理的经典读物。希望更多的人通过阅读本书了解甚至成为 To B 产品经理，为中国互联网发展的下半场贡献一份力量。

——张亮 腾讯前零信任访问控制产品负责人，腾讯云前高级产品经理

面对产业数字化转型升级的浪潮，企业和政府需要实现核心业务的在线化和智能化，而 To B 产品经理设计和管理的水平在这个过程中有着举足轻重的作用。在本书中，作者将传统 B 端产品管理的规划、设计、研发、发布、监控过程创造性地与互联网 To C 产品的设计规划思路相融合，帮助读者有效地建立了 To B 产品经理的知识体系，值得一读。

——张竞宇 《人工智能产品经理》作者

未来，产品经理与行业结合越来越紧密。尤其是 To B 产品，对产品经理在业务、产品设计、运营及商业化等方面提出了新的要求。本书从入门到深入，为产品新人构建了一套完整的 To B 产品认知体系。

——唐韧 《产品经理必懂的技术那点事儿》作者

近几年，从事 To B 产品的人员越来越多，但却苦于找不到合适的学习资料。李鑫这本书为从事 To B 产品的新人打开了一扇窗，帮助读者节约了大量独自探索的时间，快速入门 To B 产品的策划、设计与运营工作，值得一读！

——刘津 《破茧成蝶》系列图书作者

本书全面探讨了商业化 To B 产品的建设特点、相关技术、商业运作的要点，并且结合实际项目和经验进行了真诚的分享，相信在很多方面都会让读者有所启发。

——杨堃 《决胜 B 端》作者

未来所有的企业可能都是互联网企业，也意味着 To B 产品经理将成为职场新蓝海。但是，和 To C 产品经理不同，To B 产品经理面对的不是消费者，无法通过自身的体验去推导 B 端用户的体验。因此，To B 产品经理入门往往相对困难。李鑫的《To B 产品经理入门》是一本浅显易懂的书，相信会帮助你顺利度过迷茫的入门期。

——王戴明 公众号"ToB 老人家"主理人

"人人都是产品经理"，但并不是"人人都能成为 To B 产品经理"。To B 产品和 To C 产品的打造逻辑完全不同，因此它对产品经理的能力模型也提出了更专业的要求。产业互联网的崛起会催生对 To B 产品经理的更多需求，有志于投身这一浪潮的产品新人可以从《To B 产品经理入门》出发，把理论和实践结合起来，努力成长为中国产业互联网的中坚力量。

——卫夕 公众号"卫夕指北"主理人

当 C 端流量红利几近枯竭的时候，越来越多的公司将目光对准处在创业蓝海的 To B 行业，市场上也催生了对 To B 人才的强烈需求。可对于新手而言，To B 产品晦涩难懂，任何人想成为行业的精英，都着实需要下一番功夫。幸运的是，我们可以从前辈的经验中汲取养分。李鑫通过《To B 产品经理入门》这本书，"从思到行"将入行 To B 产品经理这件事变得简单容易，推荐大家阅读。

——王伟 阿里产品专家，《电商产品经理》作者

如果你想了解 To B 产品的基因，就需要一个向导。《To B 产品经理入门》就是一本好的指南书，指导 To B 产品打造的方向。

——彭力立 比心交互经理，《人机生活》作者

本书把细碎繁杂的 To B 产品及 To B 产品经理的工作翔实有序地道来，让初学者可以入门，入门者可以进阶，进阶者可以得到启发。

——杨世刚 教育行业产品专家，融智云考产品经理

消费互联网在国内发展较为成熟，而产业互联网将成为下一个增长点。由于产业上下游间的连接缺失，所以只有每个企业内部实现数字化，才能与网络上的其他企业形成有效协同。To B 产品思维可以推动各企业和行业快速"入网"，提升产业协同效率。李鑫老师的这本书为入门者提供了 To B 产品策划、设计和运营的指导思路，值得阅读。

——刘志远 《电商产品经理宝典》作者

传统互联网企业和新兴创业公司在全面拥抱产业互联网并全力转向 To B 领域时，面临的第一个难题不是资金、技术、资源，也不是用户体验、运营技巧和商业模式，而是"如何找到靠谱的 To B 产品经理"。

作为有着多年行业咨询经验，并长期专注 SaaS 创业的人，我发现很多公司或团队把 To C 的方法、理论和经验套用在 To B 场景中，这消耗了大量的精力和时间。李鑫在本书中对 To B 产品经理所需具备的知识、技能、思维等都做了全面阐述，相信能使此书成为 To B 领域的入门宝典。我也会为团队的每一位小伙伴都购买一本《To B 产品经理入门》。

——张志发 创业咨询师，"Q 学友"CEO

自 序

未来的十年，是 To B 产品经理的十年

伴随着产业互联网和数字经济的迅猛发展，互联网企业逐渐深入 To B 行业，To B 产品经理也成为互联网领域的热门职业。

To B 产品经理需要以企业视角策划和设计产品，以行业视角执行业务运营、市场推广、商业合作等工作，其在能力模型、认知与技能、发展路径等方面都与 To C 产品经理有很大区别，甚至与传统 B 端产品经理也有不少差异。

为什么会写这本书？

大约在 2016 年，我从技术人员转型做 To B 产品经理，市面上可以查阅的相关资料与书籍少之又少，即便现在看来，也依然缺少能够帮助 To B 产品经理快速入门的书籍。

当我们在面对下面的问题时，往往会陷入困惑。

To B 产品经理应该怎样入门？

To B 产品经理需要怎样的能力模型？

To B 产品经理和传统的产品经理有怎样的区别？

To B 产品经理需要遵循怎样的发展路径？

……

甚至在我面试一些 To B 产品经理的时候，发现许多人连基本的 To B 知识都不知道。

IaaS、PaaS、SaaS 有什么区别？

To B 产品有哪些形态？

To B 服务平台由哪些模块组成？

客户成功是什么意思？

……

我有幸在近几年负责了多种 To B 产品类型的设计与商业化运营工作，全面地接触了 To B 产品经理工作的各个环节，与该领域的客户、市场人员、架构师、商务人员都有密切交流，从而对 To B 产品经理的工作做了比较全面的推导和反思。

本书的内容即源于这一积累过程。希望这本书能够为 To B 产品经理入门带来帮助。

这本书写了什么？

本书内容分为三个篇章。

第一篇为入门篇，旨在帮助读者快速了解 To B 产品经理的行业背景、能力模型、工作内容等知识；第二篇为产品策划篇，旨在向读者系统性地介绍 To B 产品的常见形态、策划方法、设计方法等内容；第三篇为商业运营篇，旨在向读者介绍 To B 产品的定价策略、服务协议、运营流程、宣传推广、客户成功等内容。

总体上，本书内容涉及了 To B 产品经理入门所需要了解的各方面知识。

这本书不写什么？

本书没有针对某个特定产品类型或特定行业进行深入剖析和展开，原因在于 To B 产品经理分散在各行各业、各个产品领域。深入分析某个行业或某个产品领域的内容并不适合入门级别的读者。

哪些人适合阅读这本书？

我把本书定位为帮助读者快速进入 To B 产品经理领域的小册子，适合 To B 行业的从业者。特别对以下人群具有指导意义：有志成为 To B 产品经理的大学生；0～1 岁的 To B 产品经理；想要从 To C 转型为 To B 的产品经理；想要转型成为 To B 产品经理的技术人员。

对读者有什么建议？

如果说 21 世纪的第一个十年属于 PC 产品经理，第二个十年属于移动互联网产品经理的话，那么第三个十年将属于 To B 产品经理。

To B 产品经理的"专家属性"，也让其成为可以深入耕耘、长期发展、越老越吃香的岗位。在传统产品经理岗位趋向饱和的当下，To B 产品经理成为值得投入并长期发展的方向。

To B 产品经理的核心竞争力：在具备通用能力后深入某个领域成为"专家"。因此，建议读者在入门 To B 产品经理后，选定合适自己的领域，多实践，多历练，多摸爬滚打。

致谢

最后，要真诚感谢我在工作和生活中的领导、同事、朋友，感谢大家对我的指导、包容、鼓舞。为避免挂一漏万，这里不一一具名。

感谢电子工业出版社的陈林编辑在本书出版过程中所付出的辛苦和努力。

感谢父母对我永远的支持。感谢我的爱人宋丽的陪伴和付出，她是一位非常优秀的人民教师。本书要献给我们新出生的儿子稳稳，他的诞生给我们带来了无限欢乐，希望他在未来能够行稳致远。

李鑫

2020 年于深圳

目 录

第一篇 入 门 篇

第 1 章 走近 To B 产品 ⋯⋯⋯⋯⋯⋯⋯⋯⋯⋯⋯⋯⋯⋯⋯⋯⋯⋯⋯⋯⋯⋯⋯ 2

1.1 To B 产品的发展史 ⋯⋯⋯⋯⋯⋯⋯⋯⋯⋯⋯⋯⋯⋯⋯⋯⋯⋯⋯⋯⋯⋯ 3
    1.1.1 美国软件与互联网 To B 产品的发展 ⋯⋯⋯⋯⋯⋯⋯⋯⋯⋯⋯⋯ 4
    1.1.2 中国软件与互联网 To B 产品的发展 ⋯⋯⋯⋯⋯⋯⋯⋯⋯⋯⋯⋯ 7
1.2 To B 产品的核心思维 ⋯⋯⋯⋯⋯⋯⋯⋯⋯⋯⋯⋯⋯⋯⋯⋯⋯⋯⋯⋯⋯ 9
1.3 To B 产品的价值 ⋯⋯⋯⋯⋯⋯⋯⋯⋯⋯⋯⋯⋯⋯⋯⋯⋯⋯⋯⋯⋯⋯⋯ 12
    1.3.1 微观角度挖掘 To B 产品的价值 ⋯⋯⋯⋯⋯⋯⋯⋯⋯⋯⋯⋯⋯ 12
    1.3.2 宏观角度挖掘 To B 产品的价值 ⋯⋯⋯⋯⋯⋯⋯⋯⋯⋯⋯⋯⋯ 16

第 2 章 走近 To B 产品经理 ⋯⋯⋯⋯⋯⋯⋯⋯⋯⋯⋯⋯⋯⋯⋯⋯⋯⋯⋯ 19

2.1 从 To B 产品经理能力模型说起 ⋯⋯⋯⋯⋯⋯⋯⋯⋯⋯⋯⋯⋯⋯⋯⋯ 19
    2.1.1 To B，听听他们怎么说 ⋯⋯⋯⋯⋯⋯⋯⋯⋯⋯⋯⋯⋯⋯⋯⋯ 20
    2.1.2 解构 To B 产品经理能力模型 ⋯⋯⋯⋯⋯⋯⋯⋯⋯⋯⋯⋯⋯ 21

2.1.3 挖掘 To B 产品经理的核心能力 ················ 23
　2.2 To B 产品与 To C 产品的差异 ························ 25
　　　2.2.1 表层差异 ·· 26
　　　2.2.2 底层差异 ·· 29
　　　2.2.3 可以用 To C 的思维做 To B 吗 ·············· 31
　2.3 To B 产品经理的一天 ·································· 32
　2.4 如何成为 To B 产品经理 ······························ 36
　　　2.4.1 应届毕业生直接进入 To B 产品领域 ······ 36
　　　2.4.2 从技术岗位转型 ····································· 37
　　　2.4.3 从 To C 产品经理转型 ···························· 40

第二篇
产品策划篇

第 3 章　To B 产品策划前的准备 ························ 43
　3.1 To B 产品建设流程 ······································ 43
　3.2 To B 产品调研 ··· 44
　3.3 To B 产品形态知多少 ·································· 50
　3.4 IaaS、PaaS 和 SaaS ····································· 54

第 4 章　To B 平台产品的策划 ····························· 58
　4.1 To B 平台产品的架构 ·································· 58
　4.2 To B 平台的"面子" ····································· 62
　　　4.2.1 产品和解决方案 ····································· 63
　　　4.2.2 产品介绍页面的 8 个关键要素 ················ 64
　　　4.2.3 解决方案页面的策划要点 ······················· 69

- 4.3 To B 平台的"里子" ……………………………………………… 72
  - 4.3.1 业务流程梳理 ……………………………………… 73
  - 4.3.2 功能模块设计 ……………………………………… 75
- 4.4 权限系统设计 ……………………………………………………… 78
  - 4.4.1 为什么需要权限系统 ………………………………… 78
  - 4.4.2 RBAC：基于角色的权限设计 ……………………… 79
  - 4.4.3 权限系统设计案例 …………………………………… 82
- 4.5 安全性思考 ………………………………………………………… 85
  - 4.5.1 基础安全知识 ………………………………………… 85
  - 4.5.2 常见安全场景举例 …………………………………… 94

第 5 章 To B 非平台产品的策划 …………………………………… 98

- 5.1 SDK 产品策划 ……………………………………………………… 98
- 5.2 命令行工具产品策划 ……………………………………………… 112
- 5.3 接口类产品策划 …………………………………………………… 119

第 6 章 To B 产品的设计原则 ……………………………………… 126

- 6.1 产品经理需要懂设计吗 …………………………………………… 126
  - 6.1.1 懂得基本原理 ………………………………………… 127
  - 6.1.2 了解基本趋势 ………………………………………… 131
  - 6.1.3 在生活中不断学习 …………………………………… 132
- 6.2 To B 产品微观设计原则 …………………………………………… 133
- 6.3 To B 产品宏观设计原则 …………………………………………… 140
  - 6.3.1 模块设计 ……………………………………………… 142
  - 6.3.2 流程设计 ……………………………………………… 142
  - 6.3.3 系统设计 ……………………………………………… 144

第三篇
商业运营篇

第 7 章　To B 商业化前的准备 146

7.1　定价策略与计费方式 146
- 7.1.1　选择定价策略 146
- 7.1.2　选择计费方式 149
- 7.1.3　完备的思考 154
- 7.1.4　一个定价案例分析 157

7.2　To B 产品应该免费吗 160
- 7.2.1　哪些场景可以免费 160
- 7.2.2　为什么不提倡免费 161

7.3　To B 的协议有哪些 162
- 7.3.1　协议的重要性 162
- 7.3.2　To B 服务中的协议概览 164
- 7.3.3　服务等级协议 165

7.4　写一份严谨的协议 168
- 7.4.1　用户服务协议：写什么 168
- 7.4.2　用户服务协议：怎么写 172

第 8 章　To B 商业运营流程 174

8.1　To B 商业运营流程 175
- 8.1.1　走出去：做好准备，推向市场 176
- 8.1.2　引进来：商业拓展，建立合作 177
- 8.1.3　留下来：持续运营，倾听客户 178
- 8.1.4　再拓展：客户成功，正向循环 180

8.2 宣传推广知多少 ·········· 183
    8.2.1 线上宣传 ·········· 184
    8.2.2 线下宣传 ·········· 188
8.3 办一场行业会议 ·········· 191
    8.3.1 了解会议营销 ·········· 191
    8.3.2 To B 产品经理需要了解的办会流程 ·········· 192
8.4 商务拓展与客户成功 ·········· 197
    8.4.1 商务拓展 ·········· 198
    8.4.2 客户成功 ·········· 201

附录 A　产品经理推荐阅读书单 ·········· 209

第一篇 Chapter 1

入 门 篇

第 1 章
走近 To B 产品

> 在所有关乎技艺方面的工作背后,都有一个"道"或类似于"禅"的东西,一通百通。
>
> ——罗伯特·M·波西格《禅与摩托车维修艺术》

近年来,随着信息产业的深入发展,在软件与互联网领域人们普遍将产品以目标用户作为标准划分为 To B 产品和 To C 产品。To B 中的 B 表示 Business(企业用户),与 To C 中的 C 所表示的 Customer(个人用户)相对应。

目前,"To B"或"To Business"还没有专门设立的标准化词条,其主要原因可能是 To B 的表达意思太过宽泛。To B 既可以是实体的产品,也可以是软性的服务,还可以是一种理念。

我们不妨将 To B 定义为:**针对企业用户需求,以为企业创造价值为目标,包括产品打造、运营服务、商业与生态建设等在内的一种商业形态。**

软件与互联网领域的 To B 产品就是在这个理念下,以信息技术为基础建立起来的面向企业用户的产品。

1.1 To B 产品的发展史

在人类历史长河中,一直伴随着商业与交易的往来。《易经》记载,神农氏曾在日中设市以"聚天下之货,交易而退",这可能是最原始的市集形态。

在商业史上,从人与人直接的物物交换开始,逐渐衍生出了商家与商家之间的 To B 商业。

To B 只是商业领域中的一个子集。而逐渐兴起的软件与互联网领域的 To B 又只是 To B 领域的一个子集,它是伴随着 20 世纪计算机技术及互联网全球化为信息技术产业带来新的生产要素之后而兴起的新的商业形态。商业、To B、软件与互联网领域的 To B,它们之间的关系如图 1-1 所示。本书如无说明,To B 产品主要指代软件与互联网 To B 产品。

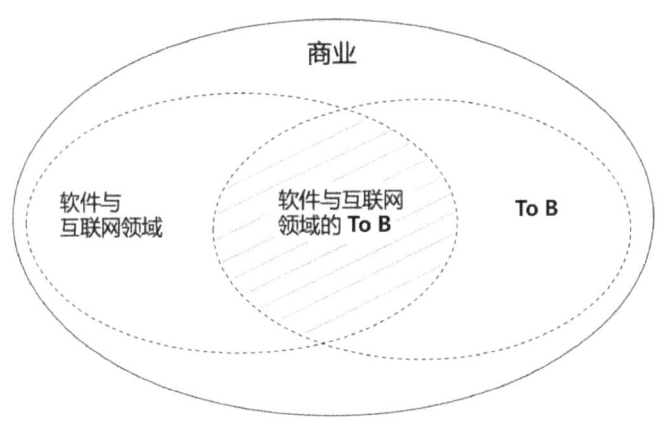

图 1-1　商业、To B、软件与互联网领域的 To B 之间的关系

尤其近年来,以 ABC(Artificial Intelligence、Big Data、Cloud Computing,

即人工智能、大数据、云计算）为代表的信息技术迅猛发展,以 IaaS（Infrastructure-as-a-Service，基础设施即服务）、Paas（Platform-as-a-Service，平台即服务）、SaaS（Software-as-a-Service，软件即服务）为代表的云服务模式更加成熟，这些都为软件与互联网 To B 产品的发展注入了强大的活力。

此外,全球产业信息化升级的大趋势为软件与互联网 To B 产品在传统行业的发展上也带来了更广阔的空间。众多 IT 公司将产业互联网作为互联网行业的下半场，并纷纷重金投入 To B 领域。

1.1.1　美国软件与互联网 To B 产品的发展

追溯软件与互联网 To B 产品的发展历史,美国是该领域发展最早且最成熟的国家。从需求方与服务方的角度可以解释这一现象。

（1）服务方：从 1946 年世界上第一台通用计算机 ENIAC（Electronic Numerical Integrator And Computer，电子数字积分计算机）在宾夕法尼亚大学诞生开始，美国便一直在引领着信息时代的发展潮流，并出现了微软、谷歌、IBM、Oracle 等众多 IT 公司，这为软件与互联网 To B 产品的发展提供了广泛的服务方。

（2）需求方：由于 20 世纪美国商业化进程的快速发展，众多企业在发展过程中不可避免地需要信息技术与互联网服务支持,这为软件与互联网 To B 产品的发展提供了广泛的需求方。

在 20 世纪，企业服务还是以硬件和软件服务为主，那时候在美国 IT 产业的各个领域诞生了众多企业服务巨头，比如商用小型机领域的 IBM、数据库领域的 Oracle、硬件存贮领域的 EMC、通信领域的高通、虚拟化领域的 VMware、芯片领域的 Intel，等等。

案例：IBM

成立于 1911 年的 IBM 公司被称为"蓝色巨人"，是 IT 行业第一家百年企业。IBM 历史上经历了 3 次典型的业务转型。

第一次发生在 1914 年，当时的负责人老沃森将公司改名为国际商用机器公司（International Business Machine，IBM），并逐渐明确了公司的定位：为企业提供最具市场需求的服务和产品的企业。这一次转型让 IBM 获得了驻足历史长河的机遇。

第二次发生在 20 世纪 60 年代，时任董事长小沃森将家族型公司转化为一家专业化公司，并推动 IBM 进入计算机时代。在这段时间前后，IBM 开发出了包括轰动一时的 360 型系统电脑在内的计算机产品，建立了 IBM 在全球企业电脑服务领域的霸主地位。

第三次发生在 20 世纪 90 年代，当时 IBM 受到庞大体制与冗余业务的严重拖累，时任 CEO 郭士纳积极变革，将 IBM 的定位从硬件提供商转变为服务提供商，并凭借为顾客提供信息技术服务实现了 IBM 的再一次成功转型，成为世界上最大的科技信息服务公司。

时间进入 21 世纪，云计算技术的加速发展将美国的企业服务推向了以 SaaS 服务为主体的全新时期。这个阶段诞生了众多提供 SaaS 服务模式的新兴企业，他们服务于计算、存储、客服、办公、安全等领域，并有许多企业在进入资本市场后被广泛认可。

截至笔者交稿前，在美国已经上市的典型的 SaaS 企业包括：CRM 领域的 Salesforce、HRM 领域的 Workday、医疗领域的 athenahealth、客服领域的 Zendesk、营销自动化领域的 HubSpot、企业网盘领域的 Box，等等。

案例：Salesforce

1999 年，年仅 27 岁的 Marc Benioff 放弃了众人艳羡的 Oracle 高级副总裁职位，毅然开启了自己的创业之旅。他成立了一家名为 Salesforce 的公司，进入的却是 CRM（客户关系管理）领域。该领域已经有 Sieble 这样大规模的公司提供比较成熟的软件产品了。Marc 有什么样的能耐和绝妙的主意让他能够有信心放弃高管职位，并从竞争对手口中分一杯羹呢？

Marc 祭出的法宝正是 SaaS 模式。在 2000 年的某一天，Siebel 公司正在举行用户大会，突然一群高举着"No Software"标语的抗议者涌入会议场所。在场的用户纷纷看到一个个"软件"被扔进了垃圾桶，观念受到了极大的冲击。实际上，这正是 Salesforce CEO Marc 精心策划的一场宣传活动。

从此之后，Salesforce 便开启了狂飙模式，他们采取各种方式让软件产品更加易用，并很快就推出了 SaaS 服务模式的 CRM 产品。用户不需要下载、安装、部署等复杂步骤，就可以轻松使用企业级的产品，一改之前企业软件产品复杂难用的印象。从 1999 年到 2004 年，Salesforce 的远端/云端服务模式发展壮大并推动企业快速发展，尤为重要的是，Salesforce 为整个软件市场都带来了全新的 SaaS 服务商业模式。

然而，Salesforce 并不满足于建造一个 SaaS 平台的目标。他们在 2005 年创建了 AppExchange，第三方开发者可以使用它来开发产品提供给客户使用。经过几年的不断建设，最终在 2008 年 Salesforce 上线了全新的 PaaS 服务平台，完成了从单一服务提供者到平台服务提供商的转型之旅。

如今的 Salesforce 早已不再是 CRM 那个单一市场上的执牛耳者，逐渐成为全球 SaaS 服务厂商中的重要一员。

1.1.2 中国软件与互联网 To B 产品的发展

尽管中国信息技术产业的发展比美国慢了一步,但依然紧随国际发展步伐,并呈现出加速发展的趋势。

在 1991 年,致力于"成为全球优秀的 IT 解决方案和服务供应商"的东软公司成立,并逐渐建立起面向各行各业的 IT 解决方案,比如:电信、电力、金融、制造、商贸流通、医疗卫生、教育、交通等行业。这是利用信息技术做 To B 产品和服务的典型案例。

在 2004 年—2005 年,国内已经有部分企业在以 SaaS 的方式做 To B 产品,一部分新成立的企业模仿国外的 SaaS 厂商推出 SaaS 产品,另一部分软件厂商在试图向 SaaS 模式转型。限于当时的技术发展及国内中小企业市场的规模,那时候的 SaaS 发展依然处于萌芽阶段,并没有收获太多关注的目光。此后大概 10 年的时间,SaaS 模式在中国处于起步到稳定发展的过渡阶段。

直到近几年,以 SaaS 模式为代表的 To B 产品才进入了发展的快车道,并受到了行业和市场的广泛关注,主要体现在以下 4 个方面。

1. 行业市场规模快速增长

经济的持续快速发展和创新创业氛围的双重驱动,为 To B 服务的发展提供了良好的土壤。从 T 媒体发布的《2018 年—2019 年度中国 SaaS 市场洞察》报告中我们可以发现,仅从 CRM 领域来看,中国市场近几年连续保持 40%左右的年复合增长率(如图 1-2 所示),可谓持续高速增长。

2. 众多To B企业成长迅速

ERP(Enterprise Resource Planning,企业资源计划)领域的金蝶云、CRM(Customer Relationship Management,客户关系管理)领域的销售易、HRM(Human Resource Management,人力资源管理)领域的北森、安全领域的梆梆

安全、文档协作领域的石墨文档等，都已经发展成为各个业务领域的标杆企业。此外，包括北森在内的一批 SaaS 行业公司也已经在资本市场上市。

中国云CRM市场规模及复合增长率

市场规模（单位：亿元）　　年复合增长率

年份	市场规模	年复合增长率
2015年	3.49	3.9
2016年	6.5	39.1
2017年	9.69	42.3
2018年	14.4	43.9
2019年（E）	18.5	40.7

图 1-2　中国云 CRM 市场规模及复合增长率

3．To B企业获得资本市场青睐

根据 IT 桔子等平台提供的资料，近年来已有众多 To B 企业获得资本市场认可并成功获得融资。仅以安全领域为例，同盾科技在 2013 年刚刚成立，2017 年便获得 7280 万美元 C 轮融资。此外，梆梆安全、爱加密等安全企业也获得了数亿元的融资。

4．互联网大厂纷纷入局

阿里巴巴是国内发展公有云业务较早的企业，目前已经充分享受到市场发展的红利。在 2018 年美国市场研究机构 Synergy Research Group 的统计数据中，阿里云排名全球第 3 位，仅次于亚马逊和微软。除阿里巴巴以外，腾讯、网易、百度、华为等大企也在加速布局云服务，发力 To B 市场。国内布局云服务业务的 IT 大企，如图 1-3 所示。

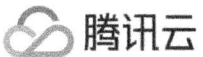

图 1-3 国内布局云服务的 IT 大企

未来，各大互联网巨头的纷纷入局，必将推动国内互联网 To B 市场的快速发展。

1.2 To B 产品的核心思维

在互联网行业，如果能准确把握工作中的规则、模式，将会取得事半功倍的效果。例如，在互联网产品传播领域，《自传播：为产品注入自发传播的基因》一书的作者朱百宁便总结了能有效推动用户自发传播产品的"486 模型"。

做 To B 产品与 To C 产品不同，更与做传统行业产品有云泥之别。只有深刻把握 To B 产品的本质，建立 To B 思维，才能够制定准确的战略，建设符合市场需求的 To B 产品，用 To B 服务模式推动业务取得进展，最终建立起成功的商业生态。

笔者根据 To B 产品的特点，结合行业案例，总结了做好 To B 产品需要准确把握的 5 种思维，分别是：**行业思维、产品思维、运营思维、生态思维、商业思维**（如图 1-4 所示）。

这 5 种思维从上到下依次深入，在面对一款 To B 产品时，我们可以按照从上到下的顺序来拆解学习。而在新搭建一款产品时，我们可以从下到上进行逐层的思考。

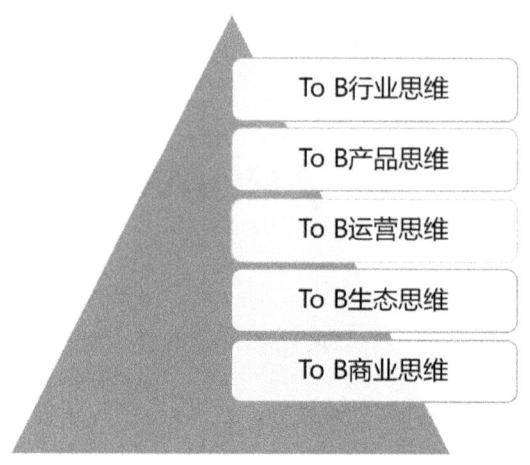

图1-4　To B产品的5种思维

1．To B行业思维

对于产品经理而言，具备行业思维、熟悉产品所在行业的各项规则与业务流程，是做好To B产品的第一步。在腾讯的产品经理发展通道中，除了"产品策划""产品运营"两个子通道外，还规划了"行业应用"通道。这也可以看出，与产品服务行业密切打交道的To B方向的产品经理需要具备行业思维是非常重要的。

比如为传统餐厅提供数字化解决方案，可能就需要我们熟悉从前厅、后厨，到供应链、财务管理、后台管理，再到排队叫号等一整套的业务场景。规模达数万家、业务逻辑更加复杂、牵涉利益方更多的国内医院数字化改造等项目就更加需要行业思维了。

2．To B产品思维

做To B产品与做To C产品有本质区别。做To B产品需要能够从理性角度解决业务问题，建立清晰的数字化业务流程，关注业务效率，追求性能稳定，为企业客户提供值得信赖的产品。在做To C产品的时候所追求的配色、页面风格、按钮位置等感性化的设计理念需要放在相对次级的位置（当然，在有足够资源的情况下，也可以系统性地提升To B产品的用户体验）。

此外，在产品策略上，产品经理还要根据市场需求及商业策略，策划免费版、收费版、个人版、企业版、旗舰版等不同版本类型的产品，以配合运营需求及商业需求。

3. To B 运营思维

在做 To B 业务时，产品建设只是基础，运营建设才是核心。因为，To B 业务强调的是服务，而非产品本身。

例如，20 年前几乎所有软件都通过购买 license 的方式获得收入，所有的客户的购买都是一锤子买卖。但现在许多软件都已经改造为 SaaS 模式（例如 Office 365），其本质是服务理念的提升，用户购买的不再是一个软件产品，购买的是依托于软件产品的一项服务。在服务期内，产品提供方需要保证产品使用的稳定性和可靠性，并能够根据需要不断更新和优化服务。

面向企业的 To B 运营建设，我们需要以产品体验为基础，打造全面的运营与服务体系，建立包括客服团队、售前团队、售后团队、架构师团队、客户成功团队、商业推广团队在内的一整套服务体系。

4. To B 生态思维

在通过 To B 产品、To B 服务融入各行各业的过程中，我们既不能居高临下地去"赋能"传统行业，又不能拿着一成不变的逻辑试图向传统行业靠拢。

To B 业务需要把握生态思维，以"数字化助手"的思维融入行业的发展中，把握企业的核心需求、核心痛点、核心难点，以及某些定制化需求，提供针对性的解决方案，与传统行业成为真正的合作伙伴，帮助客户成功，互利共赢，和谐共生。

在生态建立之后，企业就可以更容易地推动业务的全面发展。例如：阿里巴巴在各个城市推动乘车码业务的过程中，在高德地图业务、阿里云业务中与众多城市建立起来的合作生态关系，都为乘车码业务的发展提供了极大的助力。

5．To B商业思维

To B 业务属于典型的"慢热型"，需要前期有足够的耐心建设产品、搭建服务体系、建设客户关系，才能沉淀下来，建立起壁垒，打造成功的商业模式。在做 To B 产品前需要对此有足够的心理准备，有针对性地制定商业化路径。

例如，阿里巴巴和腾讯都在大力发展的企业 IM（Instant Messaging，即时通信）业务（钉钉和企业微信），当市场上有足够多的中小企业在使用这些 IM 工具后，就能以 IM 工具为依托进一步引导这些中小企业使用自己的 OA 产品，甚至使用依托于云基础设施的各项产品。这样就形成了以 IM 工具渗透中小企业，再推动更多产品合作的商业模式。

1.3　To B产品的价值

To B 产品的价值可以从两个角度来总结。第一，微观角度，即具体到某一款产品，这款产品为客户提供了哪些价值。第二，宏观角度，从业务与行业的视角看待一款 To B 产品，这款产品为业务与行业带来了哪些价值。

1.3.1　微观角度挖掘 To B 产品的价值

To B 产品种类众多，每一类产品带来的功能价值虽然不同，但我们可以将这些产品价值划分为 4 类，它们的关键词分别是：提供资源、提供能力、提升效率、提高收入（如图 1-5 所示）。

1．第一类：提供企业客户所没有的资源

资源是最常见的交易内容。从传统制造业中的装配零件，到智能手机产业链上的各个硬件模块，这些都属于为企业客户提供的资源。

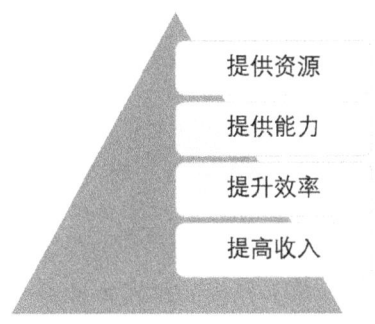

图 1-5　To B 产品的价值

在互联网行业中，云计算业务可以为企业客户提供超强的服务器资源、存储资源和带宽资源。尤其在大数据时代，许多 To B 产品还会提供众多企业所不具备的数据资源。

 案例：同盾科技的营销活动保护产品

同盾科技是一家提供智能风控和分析决策服务的企业，他们有一款名为"营销活动保护"的产品，主要解决企业做营销活动时经常遇到的各类"薅羊毛"问题，比如：恶意抢红包、黄牛刷单、虚假秒杀、作弊点击等。

在产品特色方面，同盾科技在官方描述中提到，该产品"以同盾科技的设备指纹技术和定制化风控模型为基础，利用跨平台数据优势，帮助平台监测、识别各种营销类欺诈行为。"

从中我们可以看出，该产品最核心的能力是自己建立起来的一套包括作弊设备、作弊 IP 在内的黑产数据库。当客户的产品出现活动请求时，先经过该产品的检验，该产品与自己数据库中的黑名单做匹配（同时也会结合作弊用户的特殊行为），对恶意用户进行过滤，最终达到帮助客户挽回损失的目的。

在这个案例中，客户如果想自己建立起一个黑产数据库，没有长期的积累和大量的投入是做不到的。客户会选择行业中对抗黑产的产品，本质上就是购买和使用了数据资源。

另外，在百度、微信、今日头条提供的针对用户画像的精准营销推送服务中，客户本质上也是购买和使用了数据资源。

2．第二类：提供企业客户所没有的技术能力

虽然在 IT 信息技术产业中的许多基础能力（众多编程语言和开源库）是公开的，但总归"术业有专攻"，各家科技公司在长期的发展过程中积累了面向各个场景、各个功能的不同技术能力，都在一定程度上建立起了技术壁垒。

对于许多正在寻求"＋互联网"转型的传统企业，他们和已经发展多年的互联网企业的技术积累已经有了很大的差距。对于许多中小科技创业公司而言，在许多领域也缺少技术积累。当缺少某项技术能力时，企业往往有以下 3 种选择。

（1）自己建立团队：这种选择往往需要很大的资金投入和人力投入，还需要经过长期的技术积累，才能开发出成熟的技术方案。

（2）选择购买服务：许多中小企业会选择购买其他公司的成熟技术方案，这些技术方案通过工具、后台服务、SDK 等形式为企业提供技术能力，满足企业快速发展的需求。

（3）"鸵鸟政策"：有些企业在面临技术短板时，会采取"鸵鸟政策"，对于并非第一时间所需的技术能力，会选择先不处理，在遭受损失时才会"临时抱佛脚"。

衡量上面的 3 种选择，利弊得失显而易见，因此，大多数企业会选择购买第三方技术服务。

案例：互联网安全服务

在安全行业，安全专家属于行业内的稀缺资源，许多中小企业想要发展自己的安全技术能力，就必须先招揽安全人才。由于安全行业优秀人才的稀缺，企业即使有决心要花费几百万元甚至上千万元组建自己的团队，短时间内想要招揽到对口的人才也是非常困难的。

在这种情况下，许多企业都会选择直接购买行业中的成熟产品。由于安全需求的广泛存在和其重要地位，我们可以发现在 To B 发展过程中，安全领域内诞生了众多的创业公司，比如：梆梆科技、爱加密、几维安全、知道创宇等。

3．第三类：帮助企业提升效率

质量、成本、效率是企业项目管理中的 3 个核心要素，其中质量和成本都需要企业自身来把控，效率可以借助外部资源来提升，这也就解释了为什么许多 To B 产品都是以为企业提升效率为目标的。

案例：石墨文档提升协作效率

石墨文档是产品经理经常使用的文档协作类工具，企业引入类似的文档协作类工具可以避免文档打印、文档传输、多次讨论、各自撰写等冗余操作，极大地提升了团队协作效率。

提升效率的产品还有很多，例如：企业使用钉钉等 IM 产品可以提升员工沟通效率，企业使用 Teambition 等协作类产品可以显著提升公司办公效率，企业使用北森等 HRM 产品可以显著提升员工招聘与管理效率，等等。

4. 第四类：帮助企业提高收入

商业的本质是获取收入，因此通过 To B 产品帮助企业提高收入成为最合理、最常见的产品目标。

 案例：销售易提高企业收入

销售易是一家成功的 CRM 服务提供商，支撑企业从市场营销、销售到售后服务的全流程自动化业务场景。以销售易推出的"营销云"产品为例，使用该产品可以帮助企业自动化追踪线索发展，运用公海池提升线索流转率，充分挖掘线索潜能。

此外，销售易采用大数据、人工智能等技术对客户进行 360° 全方位管理，对商务同事进行全面的绩效管理，多维度全面推动企业的业绩增长。

面对能够为企业提高收入的 To B 产品，客户老板不难会发出这样的感叹："这不正是我所需要的吗？"然后欣然购买这类产品。

以上我们从实际场景中总结了 To B 产品的 4 种核心价值，但无论是提供资源、提供能力，还是提升效率、提高收入，归根结底，**To B 产品的核心价值最终都是为企业降本增效，帮助企业实现利益最大化**。

1.3.2　宏观角度挖掘 To B 产品的价值

从业务与行业的角度出发，To B 产品可以被划分为 3 类（如图 1-6 所示）。

（1）聚焦某个特定业务领域的产品，即"业务垂直型产品"；

（2）聚焦某个特定行业的产品，即"行业垂直型产品"；

（3）聚焦某个特定行业的特定业务领域的产品。

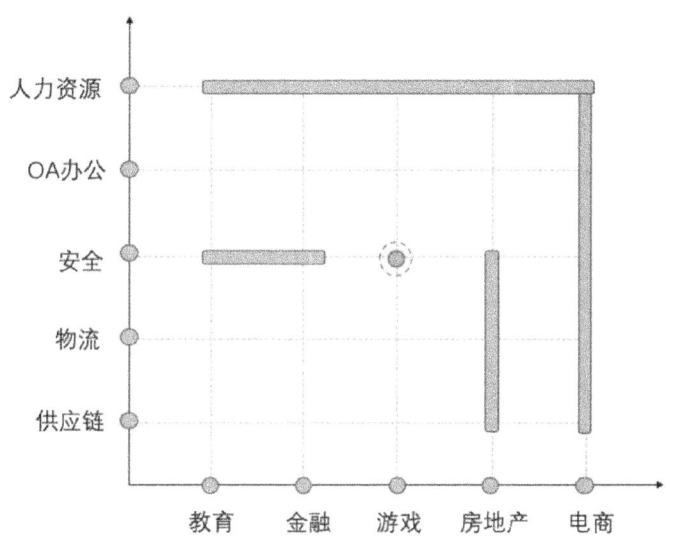

图1-6 To B产品的类型

上面的3类产品分别在所处行业或业务领域的产业进化过程中发挥着重要的推动作用。

以下我们简要描述这3种产品的区别、价值,以及它们各自的优势、劣势。

1. 第一类:业务垂直型产品

业务垂直型产品的特点是深入研究某一个业务领域,提供某个业务领域的解决方案,对该业务领域的流程改造、效率提升、效益提升等都起到极大的推动作用。这类产品不依赖于某个特定行业,可以说带来的价值是全方位的。这类产品包括:OA类、CRM类、ERP类、IM类、HRM类、财务类、电子合同类、安全类,等等。

优势:这类产品的优势是受众广,目标客户群大,可以说国内千万商家都有可能是目标客户,因此,一旦发展成标杆企业,就有足够高的天花板,有足够大的想象空间。

劣势：受众大带来的缺点是这类产品很难做到完全聚焦，很难针对某个特定行业和特定领域建立自己的核心技术壁垒。

2. 第二类：行业垂直型产品

行业垂直型产品的特点是深入研究某一个行业，系统化梳理某个行业的业务流程，打通业务链，为行业提供全面的解决方案。这类产品在流程梳理、业务链打通、数字化升级等方面价值重大，可以快速推动行业的发展。这类产品覆盖的行业包括：电商、餐饮、医疗、金融、教育、地产、婚庆，等等。

优势：这类产品的优势是一旦建立起成熟的行业解决方案，并建立起与标杆客户的合作，很容易继续开拓行业内的其他客户。因为系统化的解决方案对行业内所有客户的效率提升和收益提升都是非常明显的。

劣势：聚焦在某个特定行业带来的困难是产品建设的难度，金融、医疗、教育等行业都是门槛较高的领域，不仅要具备业务逻辑化繁为简的能力，还要具备行业专属的专业知识，才有可能打磨出符合行业需求的高品质产品。以医疗信息化领域为例，熟悉 HIS、LIS、PACS 等基础系统的难度就非常大，更不要说周边衍生出来的数百个子模块了。

3. 第三类：聚焦于某个行业的某个业务领域

并非所有的"业务垂直型产品"一开始就覆盖了多个行业，也并非所有的"行业垂直型产品"一开始就覆盖了所有业务，所以，To B 产品更多的存在形式还是聚焦于某个行业的某个特定业务领域。例如：游戏安全类产品就聚焦于游戏行业的安全业务领域。

第 2 章
走近 To B 产品经理

"Know yourself."

——德尔菲神庙箴言

2.1 从 To B 产品经理能力模型说起

产品经理作为产品的第一责任人，其能力高低、技能均衡程度都对产品的发展具有至关重要的影响。

To B 产品在产品建设、运营建设、商业化建设、影响力建设等方面，都与 To C 产品有着显著的差异，这几个方面的能力都需要产品经理进行长期的摸索与积累。因此，To B 产品建设需要更多知识储备、更多经验积累的场景，对 To B 产品经理的能力提出了更高的要求。

那么，To B 产品经理需要哪些能力？我们希望能够有一份完善的 To B 产品经理能力图谱，一方面能够帮助我们对 To B 产品经理的能力进行全面的评估，另一方面又能够帮助 To B 产品经理均衡发展。To B 产品经理可以通过能力图谱"点亮"各项技能，在 To B 产品经理的发展道路上步步为营，攀上高峰。

2.1.1　To B，听听他们怎么说

To B 产品经理的核心能力到底是什么？笔者为此与行业内的众多同行进行了探讨，他们中既包括在产品领域拥有众多经验的产品大咖，又包括产品经理畅销书的作者，也不乏创业公司的产品合伙人。

要想明白 To B 产品经理核心的能力，我们首先需要搞清楚做好 To B 产品的关键是什么，由此便可以抽丝剥茧，找到答案。

因此，笔者与他们探讨的主题是：**要想做好 To B 产品，最关键的能力是什么**？笔者对回答内容进行了梳理，总结出几种典型的能力。

1．行业理解能力

在 To B 产品领域，每个行业都有自己的规则甚至是"潜规则"，要想做好行业类产品，必须对行业知识具有深入的理解。行业知识的学习需要长时间的积累，一旦掌握这些行业知识与"潜规则"之后，就会形成自己的能力壁垒，这也就是为什么 To B 产品经理被认为是少有的越老越吃香的职业。

2．商业化能力

我们对 To C 产品的盈利模式已经比较清楚。比如一款 To C 产品几乎可以在初期不考虑商业模式的情况下，便可以走出一条利用人口和流量红利进行广告获利或者增值服务获利的商业化路径。但这对于 To B 产品而言是走不通的，一来各行各业的商业化路径各不相同，二来 To B 产品的商业化之路要比 To C 产品艰难得多。因此，对于 To B 产品而言，做好商业化是成功的关键。

3．产品与行业结合能力

To B 产品建设需要深刻理解目标行业的痛点，并切入进去，将产品与行业进行深度结合。如果服务的是传统行业，还要有足够强大的地推团队配合产品运营与服务过程。

4．生态整合能力

在未来的 To B 产品建设领域，将不再是谁为谁服务的定位，而是服务提供方与被服务方相互融合、互利共赢、共同生长的全新生态。因此只有具备生态整合能力才能够在未来的产业互联网大格局中占得先机。

从他们的答案中，我们可以隐约感觉到 To B 产品经理能力的几个关键词：行业理解能力、商业化能力、产品与行业结合能力、生态整合能力，等等。

但是，从他们各自不同的答案中，我们也可以体会到：**在 To B 产品这样一个尚未有完整的体系化方法论的新领域，即使是资深的产品大咖也各有各的看法。**

2.1.2 解构 To B 产品经理能力模型

在行业内形成 To B 产品经理的概念之前，与之最接近的岗位应该属于行业产品经理，并且已经有了针对行业产品经理成熟的能力模型。因此，我们可以认为 To B 产品经理能力模型是行业产品经理模型的升级版。可以看出，To B 产品经理与行业这个关键词有着密不可分的关系。

笔者综合腾讯、阿里巴巴等公司的产品经理能力，结合自己工作中的体会，从多个维度对 To B 产品经理所必备的能力进行了整理，如表 2-1 所示。下面我们对该能力模型进行详细解读。

表 2-1　To B 产品经理能力模型

能力分类	序号	能力项目
通用能力	1	学习能力
	2	执行力
	3	沟通能力
	4	客户导向
专业知识	5	业务知识
	6	行业知识
	7	项目管理知识
专业技能	8	需求管理
	9	产品设计
	10	产品交付：产品/服务交付及进入市场
	11	市场分析能力/前瞻性
	12	运营数据分析
	13	市场营销：品牌/公关/推广
	14	渠道及生态构建
	15	用户生命周期管理
	16	定价、成本和资源管理

表 2-1 中的 3 种能力分类和 16 种能力项目并非是简单的罗列，而是层级由低到高、能力由基础到专业的有机整合。下面我们对上述能力模型进行进一步的解析，探讨 To B 产品经理能力模型的结构关系。

能力模型之间的关系可以整理为二层结构模型，如图 2-1 所示。

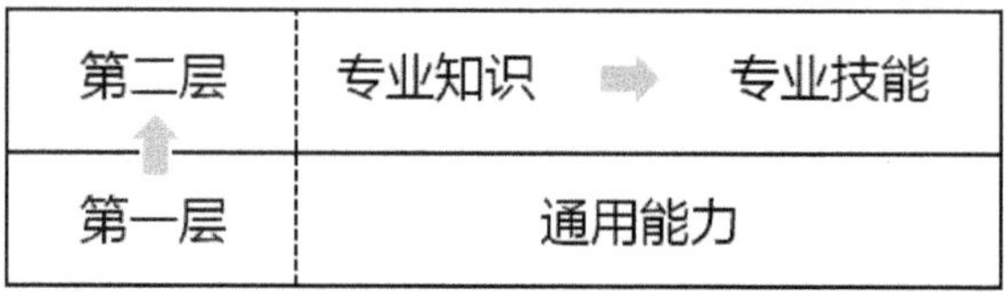

第二层	专业知识 ➡ 专业技能
第一层	通用能力

图 2-1　产品经理能力二层结构模型

1. 第一层：通用能力

能力模型图的第一层是通用能力。通用能力包括学习能力、执行力、沟通能力、客户导向。通用能力是一个产品经理的软实力。一个产品经理的通用能力就如同底层操作系统，是产品经理做好任何产品工作的基础。

2. 第二层：专业能力

能力模型图的第二层包括专业知识、专业技能两个维度。它们位于产品经理"底层操作系统"之上，是产品经理学习、工作、提升、发展所需的能力。第二层的专业知识和专业技能属于递进的关系。

（1）专业知识

首先，产品经理需要掌握专业的产品知识及行业知识，这是安身立命，进行工作的基础，没有这些专业知识的积累，任何产品工作将无从着手。

（2）专业技能

其次，在拥有专业知识储备的基础上，产品经理需要掌握专业技能，这是产品经理推进工作、推进业务、推进事业的法宝。这些专业技能既包括产品需求规划、产品功能设计等产品策划类技能，又包括产品定价策略、客户生命周期管理等产品运营类技能，还包括产品品牌建设、市场分析等市场类能力。只有具备了这些技能中的一个或多个，才能够独当一面，将产品的某一个方面做好。

2.1.3 挖掘 To B 产品经理的核心能力

与常见的 To C 产品经理模型相比，To B 产品经理模型既有与其相似的部分，又有自己的核心能力。进一步挖掘对比，可以发现 To B 产品经理的核心能力涵盖以下内容。

1. 客户导向

客户导向作为 To B 产品经理的核心底层能力，在工作中尤为重要。To B 产品归根结底是面向企业客户的服务，无论从前期的客户需求调研、业务逻辑分析、产品功能建设，再到后期的产品试用、产品交付、客户关系建设、售后服务支持，都要求产品经理具备客户导向的核心能力。尤其在越来越多 To B 企业建立客户成功团队后，更是需要以客户为核心，采取各种方法帮助客户取得成功。

2. 业务知识

对于 To B 产品经理而言，业务流程和底层逻辑是整个产品的基石。对于产品经理而言，必须对业务流程足够熟悉，才能基于清晰的底层逻辑搭建起上层业务系统，才能够真正解决客户的核心业务问题。同时，在运营过程中，与客户的交流内容也应该围绕核心的业务内容展开，这就要求产品经理对自己所负责的业务知识足够熟悉。具备一定的技术知识，对产品的底层逻辑有足够清晰的理解，就能够在产品设计与客户对接过程中更加从容。

3. 行业知识

伴随着产业互联网的发展，To B 产品已经与越来越多的传统行业展开了深度融合。每个传统行业都有各自的行业规则和"套路"，这就需要产品经理在专注的行业领域具备深厚的积累，学习行业知识的同时，理解行业内的"明规则"和"潜规则"，才能将 To B 产品与行业进行深度结合，才能真正推动产品在传统行业中的使用，推动产业互联网的发展。

4. 产品交付

与 To C 产品做完之后就可以直接推给用户不同，To B 产品上线之后还需要与客户进行一系列的对接，才能成功让客户使用产品。To B 产品上线后，需要对销售和商务同事进行针对性的培训，需要制作宣传 PPT 把产品具备的功能介绍给客户，需要在客户感兴趣时引导客户试用，并在必要时上门进行产品部署。To B 产品的建设只是基础，后续的产品交付环节才是产品成功的关键。这就要求产品经理具备产品交付的能力。

5．定价、成本和资源管理

定价体系决定了一个 To B 产品的收益走向。定价太低可能赚不到钱，定价太高客户就会选择其他竞品。如何结合自己的产品核心优势，采用灵活的计费方式，制定合适的定价策略，对产品的成败同样至关重要。

最后需要特别说明的是，伴随着产业互联网领域的快速发展，To B 产品经理的能力模型并非一成不变（其他互联网职位也同样如此）。

例如，腾讯在 2020 年就对产品经理通道的职位及能力模型做了大幅度的调整。针对 To B 产品经理，除了已有的"行业应用"职位外，新增了"技术产品"职位，两者的区别在于："行业应用"更偏向于上文所述的 To B 产品经理能力模型，"技术产品"在此基础上更深一层，要求产品经理具备在某个领域的专业技术能力，有能力策划供行业开发者使用的产品（例如：代码编译检测工具）。没有技术背景的产品经理很难承担"技术产品"的职责。

除了 To B 产品经理职位及能力模型调整外，腾讯也新增了"产品经理"职位，该职位与原来的专家产品经理级别对标，坊间戏言腾讯正式结束了"人人都是产品经理"的时代。

2.2　To B产品与To C产品的差异

"To B 产品与 To C 产品的差异到底是什么"是我们必须要解答的问题。借由对此问题的分析，厘清 To B 产品的本质才能正确开展 To B 产品的建设。

To B 产品与 To C 产品的差异表现在方方面面，笔者倾向于从"表层"与"底层"两个层面来对比两者的差异。

2.2.1 表层差异

1. 用户不同

To B 和 To C 的用户不同是最显而易见的差异。To C 产品的用户是个人，是一个一个独立的用户；To B 产品的用户是企业，是商业组织。

任何一项产品，都包含了"决策者"和"使用者"两个要素。 对于 To C 用户而言，实际上同时承担了"决策者"和"使用者"两个角色，比如一个普通用户有与陌生人社交的需求，那么他可能会选择使用探探 APP（决策者），在探探 APP 上去认识陌生人（使用者）。**对于 To B 企业而言，产品的决策者和使用者往往不同。** To C 用户和 To B 用户的差异如图 2-2 所示。

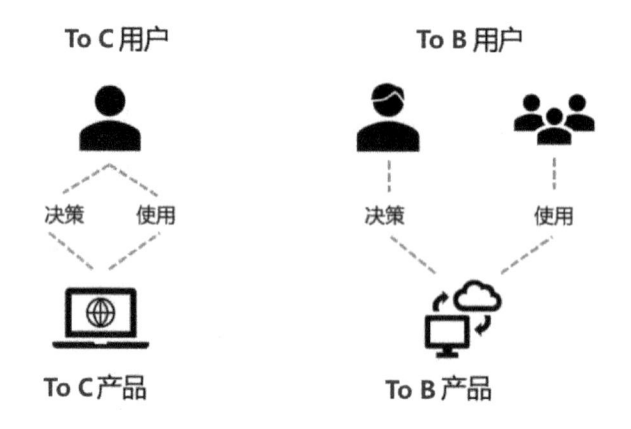

图 2-2　To C 用户和 To B 用户的差异

从"使用者"的角度来看，如果产品属于 HRM（人力资源管理）类别，那么用户可能是企业的 HR；如果产品属于 CRM（客户关系管理）类别，那么用户可能是企业的销售人员或者市场人员；如果产品是一个游戏语音组件，那么用户可能是企业的程序员；如果产品属于 OA（办公自动化）类别，那么用户可能是企业的全体员工。

To B 产品的真正使用者，是产品经理在熟悉业务流程、策划产品功能时需要调研的用户群体。

从"决策者"的角度来看，任何 To B 产品在采购之前都有自己的决策链条，尽管决策链或长或短，或由总监完成最终审批，或由 CEO 完成最终审批，但最本质的决策者永远是企业老板。老板会站在企业利益的角度，去衡量产品是否能够为公司提高效率和收益，同时结合产品的性价比来决定是否购买这款产品或服务。所以 To B 产品的决策者永远是企业老板。**企业老板，是产品经理在确认市场需求、产品定位、核心竞争力时候需要考虑的用户群体。**

2．需求不同

产品的核心是解决用户需求，不同的用户有不同的要求，不同的要求带来了不同的需求。To C 产品对应的个人用户拥有七情六欲，想聊天，想旅游，想看足球，想在虚拟世界中实现自我，想在吃喝玩乐中体验生活，也想学习进步；To B 产品对应的企业用户个性化就没这么强，他们的核心目标是获取商业利益。

To C 用户的需求有哪些？如图 2-3 所示，展示了个人用户常见的一些需求所对应的产品。

图 2-3 个人用户常见的一些需求所对应的产品

如果一个用户想聊天，那么他可能会使用微信 APP；如果一个用户想旅游，那么他可能会使用马蜂窝 APP；如果一个用户想看足球，那么他可能会使用懂球帝 APP；如果一个用户想在游戏上得到精神满足，那么他可能会使用王者荣耀 APP；如果一个用户想吃喝玩乐，那么他可能会使用美团 APP；如果一个用户想要学习英语，那么他可能会使用英语流利说 APP。

所以，做 To C 产品，可以从个人用户的特点出发，总结、发现、挖掘用户各方面的需求，然后通过产品满足目标群体的需求。

To B 用户需求有哪些？如图 2-4 所示，展示了企业用户常见的一些需求所对应的产品。

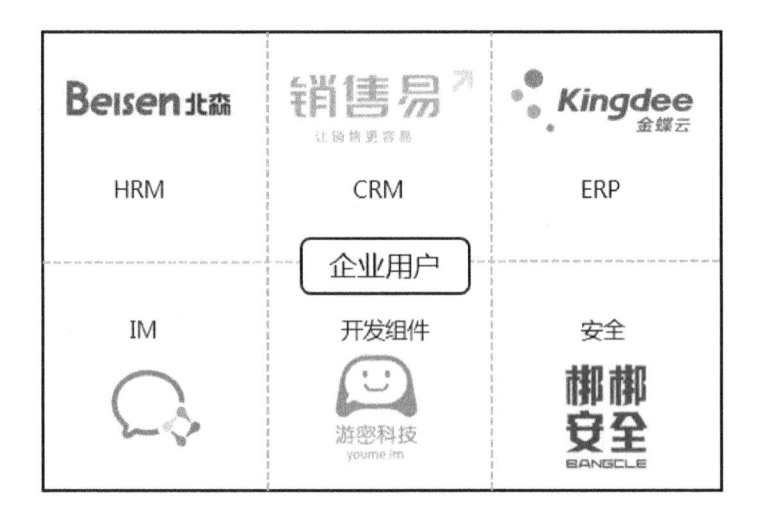

图 2-4　企业用户常见的一些需求所对应的产品

企业可以用 HRM 产品提升招聘效率；企业可以用 CRM 产品增加销售收益；企业可以用 ERP 产品提升采购与项目管理能力；企业可以用 IM 产品提升内部沟通效率；企业可以用开发组件产品提高程序员的开发效率；企业可以用安全产品提升产品安全能力。

试想，如果企业想要自己开发一套组件，那么需要组建团队、积累经验、投入时间，最后打磨出产品。但是，企业花费 1000 万元做出的产品可能依旧存在不少问题。这时候如果一款 To B 产品只需要每年 50 万元就可以提供稳定可靠的服务,那么企业多半会选择这款 To B 产品。因为该产品为企业带来了价值,节约了成本,采购该产品显然更划算。

所以,做 To B 产品需要从企业的核心利益出发,挖掘能够为企业带来核心收益的产品。

从需求的角度来看,To C 用户的需求可以从人普遍存在的特点来挖掘,To B 用户的需求可以从企业的商业利益来挖掘。

2.2.2 底层差异

1. 决策者不同

To C 用户的决策者是个人,如果决策出错,影响的群体是个人,影响的时间较短,影响的后果往往也很小,所以决策成本低,决策时间短,而且做决策更随意。

To B 用户的决策者是企业老板及各个相关部门的负责人,如果决策出错,影响的群体是整个公司的员工,影响的时间范围可能长达数个月,影响的后果可能是上千万元的损失,产品替换的成本很高,所以决策成本高,决策时间长,做决策也更谨慎。

2. 决策链条不同

To C 用户的决策链条很短,短到只有自己一个人。

To B 用户的决策链条往往很长。以笔者产品服务的一个客户为例,从产品的试用到最后的购买,先后经历了"普通开发者→开发组长→项目负责人→产品 VP→CEO"这样一整条决策链,从产品的试用到最终完成购买花费了几个月的时间。出现这种情况的原因有两点:第一,对于企业客户来说,一旦选择产品出错,就意味着较大的损失和很高的产品替换成本,所以他们的决策很谨慎;第二,To B 产品的成本比 To C 产品要高得多,往往是几十万元以上的投入,所以会形成一条很长的决策链,并需要大老板最终做决策。

3．核心价值不同

To C 产品的核心价值是满足个人用户的各项生活需求，涵盖衣食住行、吃喝玩乐等各个方面，覆盖生理需求到心理需求的各个层次。

To B 产品的核心价值在于为客户创造价值。无论是通过产品来提升企业的效率还是通过服务来降低企业的成本，都是从本质上为客户创造更高价值，让他们在使用产品或者服务的过程中得到实在的收益。

大多数时候 To C 产品就是一款产品，它的存在形态是产品与个人的交互，是"Product To Customer"的存在形态。但对于 To B 产品而言，产品的本质并非产品本身，产品只是承载服务的一种形式。做 To B 产品是以产品为媒介，去为企业客户提供服务，创造价值。

百度云、阿里云、腾讯云都在推出内容安全类产品，无论是提供 API 接口还是 SDK 产品，这都只是产品形态。这类 To B 产品本质上为客户提供的是"文本审核""图片审核"的自动化审核服务，但是即使不用这种产品形态还可以用另一种产品形态（比如手动提交样本，采用人工审核的方式），所以 To B 产品提供的核心能力和核心服务才是其本质。内容安全类产品的核心服务如图 2-5 所示。

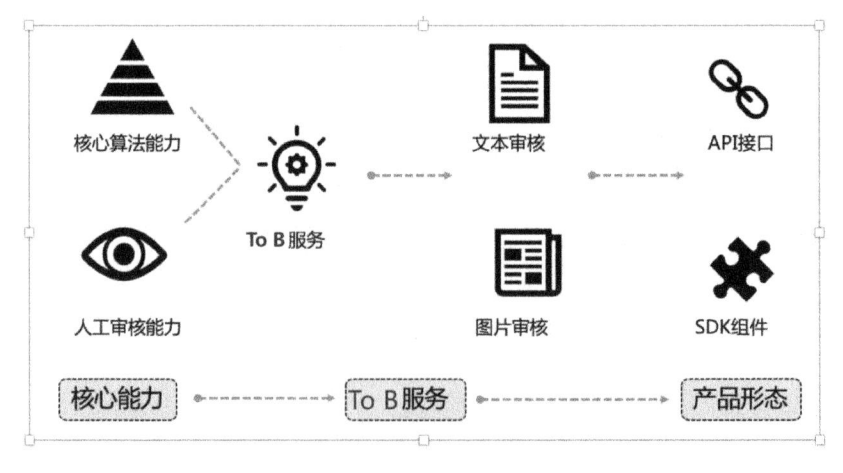

图 2-5 内容安全类产品的核心服务

To C 产品的核心在于提供产品，重视交互体验。To B 产品的核心在于提供服务，重视服务价值。

2.2.3　可以用 To C 的思维做 To B 吗

To C 的产品思维非常关注用户体验，从页面的配色、按钮的位置再到交互的过程，都希望能够给用户带来优质的体验并且能够使用户获得愉悦感。

但在 To B 产品中却并非这样。有些做 To C 产品出身的产品经理在做 To B 产品时，往往过分关注交互体验，关注每一个细节，甚至有些 To B 产品团队也会过分关注交互的细节，以至于会花大量的时间用来提升交互体验。

当然，提升交互体验固然是好的，无论个人用户还是企业用户都愿意使用操作便捷、配色更舒服的产品，任何一类用户都配得上使用高品质产品的权利，任何一款产品都需要高度关注用户体验。这都没有问题，但永远不要忘了做 To B 产品不只是做一款产品，更多的是做一项服务，不只是要把产品交互做好，更要把客户关系和服务体系建设好。

花两个月的时间做一个产品的大版本，把产品界面做得更美观，会带来更多客户吗？花这两个月的时间，开拓更多的功能点，覆盖更大的客户范围，是否能带来更多客户价值？花这两个月的时间，把已有版本的产品做得更稳定，是否能够让更多的客户留存下来？

所以，To C 和 To B 在产品思维上有本质的差异，这里以交互体验的重要程度这个维度为例，可以看出：**一定不要用 To C 产品思维来做 To B 产品。**

常言道，"勿在浮沙筑高台"。做 To B 产品是一个覆盖范围极广的事情。许多时候，在保证产品稳定可靠、有核心竞争力的基础上，客户关系建设往往更重要，这是一切 To B 产品成功的基础。一款产品再优秀、体验再好，也需要建立客户关系，让客户体验到，然后用起来。

更进一步讲，To B 产品在提供服务的过程中，其本质是人与人的对接，是客户关系的维系。例如，阿里巴巴前高管卫哲就曾经在一次分享中提到："所谓的 B2B，其实是 Business Person To Business Person，人与人之间的交易才促成了企业与企业之间的交易。"

2.3 To B产品经理的一天

To B 产品经理除了要从事常见的策划类工作，还要与商务团队、市场团队、合作平台、研发团队、外部客户等有更深入的工作对接，将产品建设与客户运营、行业发展相结合，构建完整的 To B 产品建设路径。

尽管产品经理每天的工作内容、工作顺序、工作占比各不相同，但是我们可以从干系人的角度和自身工作的角度梳理 To B 产品经理的工作内容（如图 2-6 所示），产品经理个体的工作将是这些工作内容的有机组合。

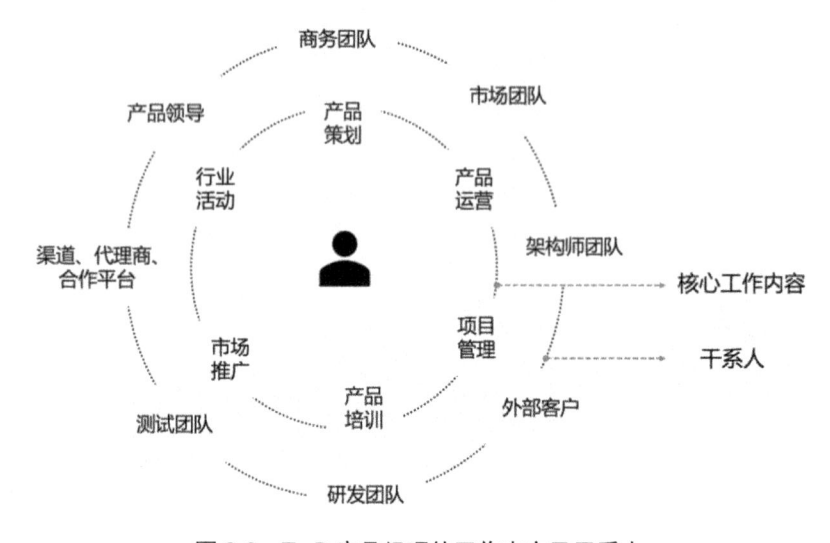

图 2-6 To B 产品经理的工作内容及干系人

1. To B产品经理工作内容（干系人角度）

（1）商务团队

商务团队的核心目标是商务拓展与客户关系维护，在商务团队面向客户之前，产品经理需要与商务团队一起准备产品介绍材料、产品演示视频等内容，并针对自身的产品定位、核心功能、产品优势等内容对商务团队做针对性的宣讲。

（2）市场团队

商务团队与市场团队的关系密不可分。商务团队负责商务拓展与客户关系维护，市场团队则负责组织沙龙、PR（Public Relations，公共关系）新闻宣发、广告宣传等市场推广类工作。市场团队在做各类宣传推广活动时，都需要以产品当前的发展方向和核心目标为基础，因此，产品经理需要与市场团队密切交流，保证市场团队的工作对产品发展起到重要推动作用。

（3）架构师团队

架构师团队成员通常都有较多的技术积累，负责与客户进行方案交流，所以他们对客户需求有着更深入的理解，同时也需要他们对自己负责的产品有深入的理解。产品经理需要经常与架构师沟通客户需求，交流产品核心功能与建设规划。

（4）外部客户

在进入业务合作阶段后，产品经理需要与客户直接对接，这时候需要耐心收集客户的反馈，挖掘背后的核心需求，综合产品定位、技术难度、客户重要性等因素做出决策。

（5）研发团队

To B 产品往往都包含复杂的业务逻辑，在策划一项全新的功能时、在决策是否能够满足客户需求时，以及在产品研发过程中，都需要产品经理与研发团队进行深入的交流。

（6）测试团队

产品经理需要在版本刚开始时就引导测试团队介入，提早熟悉版本功能与原理，方便测试团队提前准备符合外部多样化场景、满足方案复杂逻辑的详细测试用例。

（7）渠道、代理商、合作平台

这三者都是 To B 产品在进行商务拓展，尤其是面向 SMB（Small and Middle Business，中小客户群体）客户的拓展时常常引入的外部资源。与内部商务团队和架构师团队不同，他们缺少对产品的深入理解，所以产品经理需要准备全面的培训资料，对他们进行全面的、定期的培训。

（8）产品领导

领导往往能够从更高层面提出高屋建瓴的思路，产品经理需要与自己的领导多探讨产品的发展方向。同时，产品经理还需要做好关于行业调研、市场分析、产品规划、业务进度等汇报工作，在为领导提供更多信息的同时，还要争取到更多的资源投入。

需要说明的是，受限于业务类型差异、发展阶段差异、组织架构差异，不同团队的干系人的类型会有所不同。例如，上面提到的商务团队和市场团队，在大公司中这两个团队是独立的，在小公司中可能会合并为同一个团队。甚至，在大公司内根据不同的客户类型还会将商务团队进一步拆分为不同的团队，分别负责头部客户和长尾客户。

因此，在实际工作中，产品经理需要根据自身公司的情况，分析与自己工作内容相关的干系人，分别做好对接。

2．To B 产品经理工作内容（自身角度）

在工作内容方面，除了传统的产品策划和运营工作，To B 产品经理还需要参与项目管理、产品培训、市场推广、行业活动等工作，具体如下。

（1）产品策划

产品经理需要根据公司商业目标及客户需求，结合市场调研、竞品分析、竞品体验等准备工作（产品规划、详细需求、排期），并推动研发、设计、重构、测试等同事协作完成产品建设工作。这是产品经理最核心的工作内容。

（2）产品运营

除了常见的数据分析、客户反馈等运营类工作，To B 产品经理还需要做得更多。企业级产品在建设完成后，需要能够交付给客户正常使用。对于一些具有定制化需求的客户，在客户的产品体验及使用过程中，To B 产品经理与客户的持续对接运营将会成为常态。

（3）项目管理

产品经理需要掌握项目管理知识，将产品建设路径与公司资源相结合进行整体规划，做好排期规划与进度管理。当然，在大型的团队中，会有专门的项目经理来做项目管理工作。

（4）产品培训

To B 类的产品专业性较高，需要产品经理将产品内容详细地同步给其他人（包括市场同事、商务同事、售前/售后同事及客户）。

（5）市场推广

市场推广并非只是市场同事和商务同事的工作，To B 产品经理也需要参与诸如沙龙举办、客户交流、PR 文章撰写等工作。

（6）行业活动

To B 产品的建设属于慢热型，前期的行业影响力建设非常重要，所以产品经理同样需要参与诸如行业分享、专家交流、生态合作等工作。

这里仅列举了 To B 产品经理的典型工作事项，在第 3 章中将会对 To B 产品经理的工作流程进行详细描述。

2.4　如何成为To B产品经理

成为To B产品经理的方式，比较典型的包括应届毕业生直接进入To B产品领域、从技术岗位转型和从To C产品经理转型。

2.4.1　应届毕业生直接进入To B产品领域

近年来，越来越多的应届毕业生毕业后选择直接进入产品经理领域。在2018年年底，人人都是产品经理社区联合多家机构推出的一份产品经理行业调研报告显示，大约50%的产品经理为"90后"。笔者也从自己所在的产品团队观察到，越来越多的"95后"新人进入了产品经理岗位。

从To C产品经理能力要求的角度来看，应届毕业生只要具备良好的学习能力、创新能力、表达能力、逻辑分析能力等基础能力就已经符合基本要求。但To B产品经理在专业技能方面对应届毕业生的要求更高。我们用一个案例来说明。

案例：应届毕业生应聘安全领域To B产品经理岗位

当面试者在竞聘一份安全领域的To B产品经理岗位时，如果面试者读大学的时候是信息安全相关的专业学生，则更容易得到面试官的青睐，当面试者进入工作后各方面也更容易得心应手。

相反，如果一名学文科专业的应届毕业生做起了安全领域的To B产品经理，在工作中遇到诸如"对称加密""非对称加密""RSA算法""认证与鉴权"等专业类概念时将会一头雾水，更别提在了解技术原理的情况下进行产品设计了。

归根结底是 To B 产品经理的职责更需要具备行业经验的人来承担。据笔者了解，近几年在行业内有多年经验的产品经理进入腾讯云继续从事原来领域的产品工作。

在此，总结几点建议给想要进入 To B 产品经理领域的应届毕业生。

（1）做好选择

尽量选择与自己所学专业相近的产品领域，这样更容易上手，可以显著降低新知识的学习成本。

（2）快速学习

想要做好 To B 产品，只有灵光一现的想法和高于常人的审美是不够的，更需要快速学习专业领域（例如：医疗、金融、安全、CRM，等等）的专业知识，做到理解基本原理，才能从容开展产品工作。

（3）持续积累

选择一个领域，需要在这个领域持续积累 5 年以上的经验，熟悉该领域的基础知识、背后原理甚至是潜规则，才能让自己成为这个领域有价值的产品专家。

2.4.2 从技术岗位转型

如果技术岗位的人转型到产品经理岗位，将会在产品工作中有自己独特的优势。对方案原理的深刻理解会让自己在产品工作中更能从底层的角度思考问题。尤其在转型进入 To B 产品经理领域后，技术转型过来的产品经理可以在产品培训、对外宣讲、行业沙龙中有更深刻的表达与交流。我们用一个案例来说明。

案例：技术岗位转型的产品经理在客户交流中发挥优势

在做客户交流时，一名没有技术背景的产品经理只能为客户做一些通用的产品介绍，诸如"我们的产品包含哪几部分""我们的产品特色是什么"等；而有技术背景的产品经理可以同时为客户解答更多疑问，甚至是回答一些关于特定使用场景的疑问，诸如"在你们的客户场景下需要重点关注这几点""在使用产品时开启这个功能可以快速解决你们的这个问题"等。这样一来，会显著提升客户交流的质量与效果。

从上述案例可以看出有技术背景的产品经理在工作中的重要优势。这也就难怪在 2019 年年初会传出某公司 CEO 在内部讲话中提出，以后 90% 的产品经理要从内部技术团队中诞生的消息。消息虽未经官方证实，但也从侧面体现出了产品经理懂技术在产品工作中的独特优势。

所以，技术岗位转型而来的产品经理，可以定位为"产品经理+技术专家"的复合型人才，而在 To B 产品领域，这样的人才也是最为稀缺的。

但需要注意的是，技术岗位转型来的产品经理容易将固有的思维方式、表达方式、做事方式带入产品工作当中，这将为工作带来不利影响。我们用一个案例来说明。

案例：客户反馈产品 bug 时的交流方式

比如我们遇到一个这样的场景：在客户使用我们产品的时候，在客户的特定场景下出现了一个 bug，导致运行出错。客户来询问接口的产品经理。

这时候，刚从技术转型来的产品经理可能会这么答复客户："您好，这个问题是我们的一个 bug 导致的，需要 2 天时间来修复，请耐心等待。"客户的答复可能是："啊？你们的产品怎么又出 bug？"或者是"需要 2 天修复啊，这么久！"

这是一种不能令人满意的交流方式。

在同样的场景下，一名有经验的产品经理可能会这样答复客户："您好，我们经过紧急排查，发现在您公司使用的特定设备上出现了 bug，我们的研发人员已经在紧急排期处理了，如果有进展，我们将会及时答复您。在此期间，您可以暂时采取×××方式来解决。"这时候客户的回复可能是："谢谢，感谢对我们问题的重视，辛苦你们啦！"

在上面的案例中，虽然第一种表述没有错误，而且表述非常精确，看起来对客户非常真诚，但却是非常不恰当的。因为这份回答内容仅仅是从原理角度客观地描述了出问题的原因，并没有从客户的角度去做更合适的表述，也没有发挥出一名产品经理在做客户运营过程中的价值。

而第二种交流方式则显得更加得体，有如下几个优点。

（1）在表述问题的同时，阐明了特殊性：这个 bug 是在客户特定场景下出现的，让客户理解到问题的特殊性，避免过分怀疑产品的稳定性。

（2）在反馈给客户的同时，表现出对客户问题的重视：研发人力是有限的，对于一些非紧急的情况，可能会排期到第二天、第三天处理，但排期时间是一回事，是否把客户的需求快速加入排期中并反馈给客户是另一回事，后者将会给客户达到预期的满足感。

（3）在解决客户问题的同时，给出备选方案：不仅告诉客户我们的解决方法，更要考虑有没有其他紧急解决方案，供客户做选择。

以上几个要点，其实正好与客户在提问时的心理互动相呼应。客户的心理活动可能是："产品出了问题，是什么原因呢？你们什么时候帮我们解决呢？解决的过程中我可以临时怎么处理呢？"**一名优秀的产品经理在客户运营过程中的最大价值恰恰是对场景的把控力。**

在此，总结几点建议给想要转型进入 To B 产品经理领域的技术岗位的人。

（1）思维快速转型：快速掌握产品经理所需具备的思维方式和做事方式，这是技术岗位与产品岗位的最大区别。

（2）能力快速提升：在产品策划、原型制作、宣传材料撰写、基础设计知识及审美、产品工作流程等方面，都需要快速提升，做到能力匹配。

（3）将自身价值最大化：技术岗位转型来的人员其核心优势在于对方案原理的理解，需要将这项优势在产品关键功能设计、产品培训、行业交流、客户交流等工作中最大化地发挥出来。

2.4.3 从 To C 产品经理转型

随着人口规模和移动浪潮红利的消失，越来越多的互联网企业投入企业服务的浪潮中，随之而来就是众多 To C 产品经理向 To B 产品经理的转型。在2.4.1 节中提到的人人都是产品经理社区推出的报告中也已经表明，在众多行业的产品经理占比中，企业服务领域的产品经理占比最高（16%以上）。

To C 产品经理已经具备产品经理的基础能力，但还需要掌握与 To B 产品经理不同的知识，否则将会对工作产生不利影响。

例如，UI 与交互在产品中的重要性，两类不同的产品经理可能会有不同的见解。我们对比来看。

> **案例：两类产品经理对 UI 与交互重要性的理解差异**
>
> To C 产品经理：对于做久了 To C 产品的产品经理来说，习惯了对于产品体验的高追求，有时会采用 A/B 测试来决定采用哪种交互方式，这样会导致在做 To B 产品时可能会过分强调 UI 与交互在产品发展中的重要性。
>
> 在 To C 产品的发展过程中，用户受众数量非常多，发展节奏往往是爆发式的，产品 UI 与交互细节的好坏在用户留存与增长过程中会有放大的效果。但 To B 产品的发展属于慢热型，受众数量少，因此 UI 与交互的重要性需要稍微放在次优先级的位置。
>
> To B 产品经理：会综合考虑 UI 与交互对产品的影响。若非致命，会考虑定制化功能、产品稳定性、产品覆盖场景、产品使用手册等方面的需求优先级更高，而非过分强调 UI 与交互在产品发展中的关键作用。

在此，总结几点建议给想要从 To C 产品领域转型的产品经理。

（1）思维快速转型：需要深入理解 To B 产品与 To C 产品的差异，理解客户关系、客户试用、行业影响力、行业生态等对产品发展的重要性，从而在工作中做出合理的优先级评定，点亮技能树，提升个人能力。

（2）技能持续积累：To B 产品领域的学习成本往往高于 To C 领域，对于行业知识需要具备长期耐心的学习、持续的积累，只有在具备对行业的深入理解之后才能做出创新性的产品设计。

在笔者了解的场景来看，还有从交互设计师、客服、售前/售后人员等角色转型成为 To B 产品经理的情况，在此不再一一展开，可以从上述的分析中了解对应的建议。

第二篇 Chapter 2

产品策划篇

第 3 章
To B 产品策划前的准备

在你想以任何方式去干预系统之前,首先要观察它是如何运作的。

——德内拉·梅多斯《系统之美:决策者的系统思考》

3.1　To B产品建设流程

To B 产品建设流程可以被划分为 4 个阶段:产品规划阶段、产品设计阶段、产品研发阶段、产品发布阶段。每个阶段又有详细的子流程(如图 3-1 所示)。详细介绍产品建设流程的书较多[①],在此不详细展开,3.2 节会重点介绍产品调研相关的内容。

---

① 可以参考阅读《B 端产品经理必修课》《决胜 B 端》等书。

阶段	1.产品规划 →	2.产品设计 →	3.产品研发 →	4.产品发布
内容	① 产品调研 ② 需求收集 ③ 规划路线 ④ 组织评审	① 方案讨论 ② 原型绘制 ③ UI与交互设计 ④ 需求文档	① 需求管理 ② 开发跟进 ③ 产品验收 ④ 版本测试	① 上线评审 ② 上线知会 ③ 回归测试 ④ 收集反馈

图 3-1　To B 产品建设的 4 个阶段

3.2　To B产品调研

1．To B产品调研的分类

对于 To B 产品调研，可以在产品发展的不同阶段根据不同的目的进行。

根据调研的对象不同，产品调研可以被划分为 3 类。

（1）调研市场：目的是了解行业前景与市场规模，帮助做产品战略决策。

（2）调研竞品：通过调研竞品，既可以了解竞品的规模、特色、布局、营收、产品定位、发展趋势，又可以使用竞品进行详细的产品体验，帮助自己做产品规划。

（3）调研用户：常见的用户调研方式包括客户访谈、调查问卷、数据分析、可用性测试等，对于 To B 产品而言，与客户交流是普遍也是最有效的用户调研方法。

2．To B产品调研的步骤

调研之前必须先明确目标，明确要解决的问题，这样才能够采取合理的调研方法，得出有用的结论。

做产品调研前,需要先经过三个思考步骤:为什么调研、调研什么、怎么调研(如图 3-2 所示)。思考清楚之后,再做调研,撰写报告。

调研前的三个思考步骤

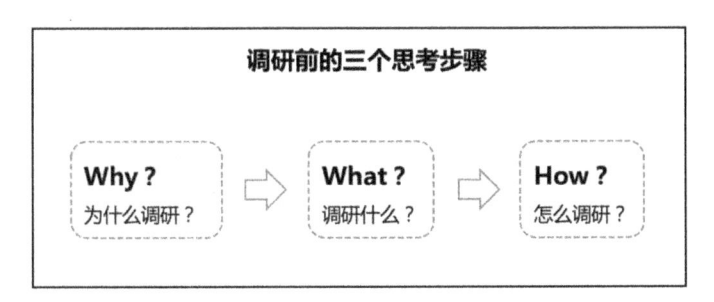

Why? 为什么调研? → What? 调研什么? → How? 怎么调研?

图 3-2 产品调研前的三个思考步骤

第一步,为什么调研?

以做一款 EIM(Enterprise Instant Messaging,企业即时通信)为例,调研的目的可能包括:了解行业需求是否旺盛,了解有哪些市场竞品,了解钉钉、企业微信、飞书、Slack 等产品的特色与市场布局情况。

相比于 To C 产品调研,To B 产品调研可能更需要了解竞品如何定价?竞品有怎样的销售流程?竞品的推广销售团队规模有多大?竞品怎么打广告、怎么推广产品、怎么促进增长、怎么扩大影响力?竞品售后是怎么做的?

这一系列对于 To B 产品业务发展非常重要的问题都可以通过调研来获取答案。

第二步,调研什么?

明确了调研目的之后,可以根据调研目的,详细筹划,明确具体的调研内容。

还是以企业即时通信产品的调研为例,如果调研目的是了解竞品在 BD(Business Development,商务拓展)方面的策略,则需要做一份《企业即时通信产品定价与商务拓展调研报告》。报告可以进行拆分,调研以下内容。

（1）产品定价

（2）产品付费方式：年付、季付还是月付

（3）产品有没有优惠策略

（4）销售团队规模

（5）销售流程

（6）销售细分角色：客服、售前、销售、代理人员、售后人员等

（7）竞品客户数量与分布情况

在这个过程中，需要提前、明确地整理出待调研的事项。

需要说明的是，以上仅是从定价及商务拓展的角度出发梳理出的调研事项。如果从宣传推广角度，又可以整理出很多细分问题，比如：竞品是如何做 SEO（Search Engine Optimization，搜索引擎优化）的？怎么买搜索引擎关键词的？买的关键词有哪些？是怎么发软性推广文案、怎么提高影响力的？举办了哪些沙龙？参与了哪些行业会议？

第三步，怎么调研？

经过前面两个步骤，我们一是知道了为什么调研（有了目标），二是知道了调研什么（有了拆分后的小目标），接下来就需要根据要调研的内容，思考调研方法。

针对 To B 产品，一个最有效的竞品调研方法，就是作为客户去和竞品的客服人员、销售人员、甚至技术人员进行一对一的聊天。从中可以得到很多有用的信息：小到产品定价，大到产品方案介绍。

当然，对于竞品方案的体验与分析，需要产品经理下一番苦功夫，真正用心体验竞争对手的产品。在这个过程中，拥有一定的技术理解能力就显得十分重要。

3. 调研报告的撰写

在调研之后,需要输出调研报告。在此整理几个撰写调研报告的建议。

(1) 报告撰写的内容务必有用

与做调研的目的一样,写调研报告的时候也要时刻谨记写的内容一定要有用,与调研目的相对应。如果写的内容只是单纯地拼凑罗列内容或者展示 PPT 的美观,那实属本末倒置。

(2) 调研要有明确的结论

调研报告很多时候需要给上级领导,供领导参考进行决策制定。因此,报告并非只是信息的收集与汇总,还需要呈现出经过思考之后得出的结论。而且,最好把核心的信息及结论放到报告的最前面。

以《企业通信产品定价与商务拓展调研报告》的结论撰写为例,可以采用如图 3-3 所示的方式(仅用作形式上的参考)。

产品	钉钉	企业微信	飞书	Slack	我们的产品
定价	XXX	XXX	XXX	XXX	XXX
优惠方式	XXX	XXX	XXX	XXX	XXX
试用流程	XXX	XXX	XXX	XXX	XXX
客户规模	XXX	XXX	XXX	XXX	XXX
客户运营流程	XXX	XXX	XXX	XXX	XXX
商务团队规模	XXX	XXX	XXX	XXX	XXX
总体结论	① XXXXXXXX ② XXXXXXXX				
我们的对策	① XXXXXXXX ② XXXXXXXX				

图 3-3 调研报告结论撰写案例

(3) 调研要给出可行的建议

调研光给出调研总结还不够,还要根据结论与自己的产品业务相结合,梳理出具备建设性的建议。特别是涉及产品建设方向决策的内容,就更有必要把调研结论和建议呈现出来,供领导层定夺。

（4）调研报告要有逻辑性，避免简单罗列

写调研报告不是简单的罗列材料，而是要具有严谨的逻辑性。材料需要梳理整合、富有逻辑性、重点突出。

还是以企业即时通信产品的调研为例，我们可以从竞品的基本信息开始描述，然后分别从产品矩阵、定价与计费模式、销售流程、商务团队规模等方面进行有条理的阐述。与此同时，可以在阐述竞品信息的同时把自己的产品对应的现状放在旁边作为比较（一目了然），最后对前面的问题进行梳理总结，得出结论，给出建议。

（5）重点突出

对于一些重要的内容都要用大号文字、特殊颜色、加粗等方式进行标注。重要的内容包括：标题、结论、建议、重要的数字（比如定价）等。

（6）美观性

把美观性放在最后，并非它不重要，而是前面的要求和美观性是一种"皮之不存毛将焉附"的关系。此外，建议采用商务风格、整洁严谨的PPT模板。

4．调研方法的进阶

进阶的调研体现在两个维度：调研方法的丰富性和调研周期的持续性。从入门到进阶的调研方法如图3-4所示。

那么，进阶的To B调研应该是怎样的呢？

（1）更丰富的调研方法

在To B调研过程中，除了常用的网络搜索、查看竞品官方网站等方法，还可以采用以下方法。

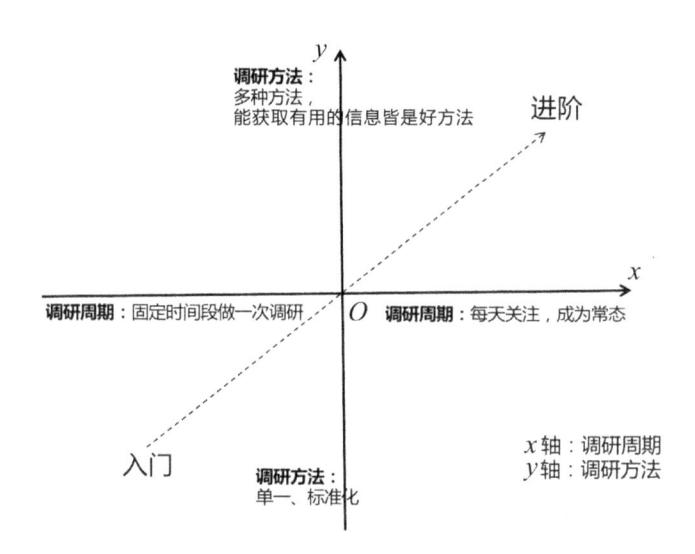

调研方法：
多种方法，
能获取有用的信息皆是好方法

进阶

入门

调研方法：
单一、标准化

调研周期： 固定时间段做一次调研　　**调研周期：** 每天关注，成为常态

x 轴：调研周期
y 轴：调研方法

图 3-4　调研方法：从入门到进阶

① 联系竞品的客服、商务、产品负责人。To B 企业官网一般都有客服联系方式，可以与竞品方建立联系，从竞品的客服、商务、产品负责人处获取足够有用的产品信息。

② 参会。参加行业展会、研讨会、沙龙等，了解行业信息。

③ 联系竞品的技术负责人。如果需要更加深入地了解竞品的原理，甚至可以作为普通客户，试用竞品，借此与竞品的技术负责人进行深入交流。当然前提是自己需要做到三懂——对自己的产品"懂技术、懂细节、懂关键点"。

④ 与自己产品的技术同事交流。要相信，产品不只是产品经理的产品，而是整个团队的产品。自己产品的技术同事也对行业产品和技术有很多了解，与他们交流也能够获取很多有用的信息。

除了采用更丰富的调研手段外，调研过程中还有很多技巧。

以和竞品的商务人员沟通获取信息为例，To B 行业一般要先验证客户是否是企业客户，如果是企业客户，才会进行重点跟进，所以怎样以企业身份获得对方的信任需要重点思考。

获得长期信任，获得更多信息，这些都需要一些技巧。

需要说明的是，技巧层面的内容因人而异，无法逐一总结，这里仅作为案例，请谨记。

（2）在调研周期上，不再局限于某时某刻的调研，而是需要做到长期、持续、自发地调研。这需要有对产品的一份责任与热爱。

最后，关于调研的重要性及调研方法，建议读者阅读《毛泽东选集》第一卷中的《反对本本主义》一篇，相信会受益良多。

3.3 To B 产品形态知多少

To B 产品既包含 To C 产品中常见的 Web 平台、客户端、移动 APP 等产品形态，又包含需要满足特定用户、特定业务需求的 SDK（Software Development Kit，软件开发工具包）、命令行工具、接口等产品形态。

To B 产品在策划过程中，需要严格考虑用户的职业、角色和身份。正是由于 To B 产品的用户群体存在多种职业、多种角色、多种身份的特点，使得 To B 产品相较于 To C 产品拥有更丰富的产品形态。

（1）从职业的角度来看

即使是同一款 To B 产品也可能会面向各行各业提供服务，用户可能是客服、医生，也有可能是开发者，他们使用产品的需求和场景都是天差地别的。

（2）从角色的角度来看

例如，一个互联网产品团队在使用一款项目管理产品时，团队中存在产品策划、产品运营、项目经理、开发者、测试者、管理者等多种角色，他们各自拥有不同的需求。

(3)从身份的角度来看

一个销售公司引进一款 To B 产品后,使用者可能是最高层的老板,可能是地区负责人,可能是门店老板,也可能是普通职员。他们的身份级别不同,他们在使用产品过程中的权限和需求也不同。

那么,为了满足不同职业、不同角色、不同身份的用户需求,To B 产品一般会包含哪些产品形态呢?To B 常见的产品形态如图 3-5 所示。

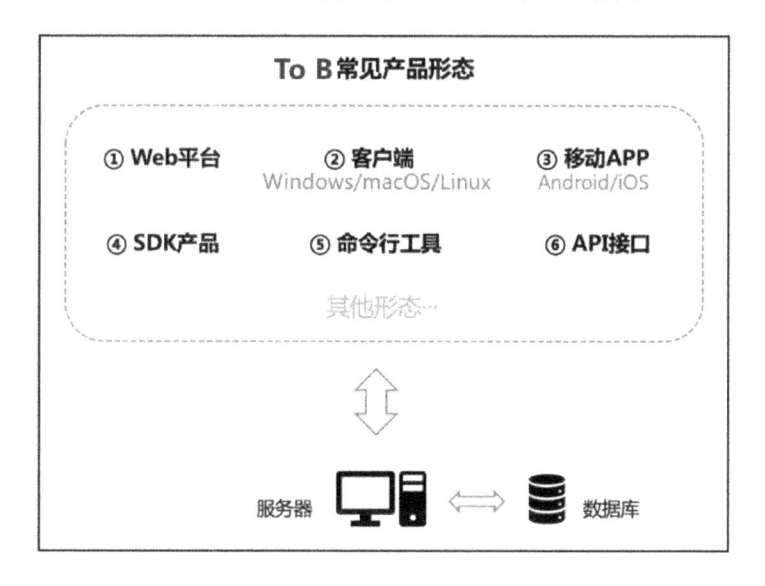

图 3-5　To B 常见的产品形态

(1)Web 平台

无论是为了做品牌宣传还是满足复杂业务操作需求,Web 平台都具备访问便捷、云端存储、功能强大、版本更新方便等优势,始终是 To B 产品中最常用和最强大的形态。例如,各大云服务产品均把 Web 平台作为核心的产品形态。

(2)客户端

客户端借助本地操作系统及开发组件提供的能力,可以提供比 Web 平台更稳定、更强大的功能。尤其是许多可以放在用户本地机器上处理的业务更适合使用客户端工具，而无须消耗额外的时间上传到服务端处理。客户端在策划过程中，需要考虑对 Windows、macOS、Linux 等不同操作系统的支持。

（3）移动 APP

有的 To B 产品需要能够实时操作。如果移动 APP 上的交互方式可以满足完整的业务需求，这时候可以提供具备全面功能的移动端 APP。例如，图 3-6 中（a）所示的 Slack 企业通信 APP 便属于这种类型。

（a）Slack APP　　（b）阿里云移动APP　　（c）nProtect GameGuard APP

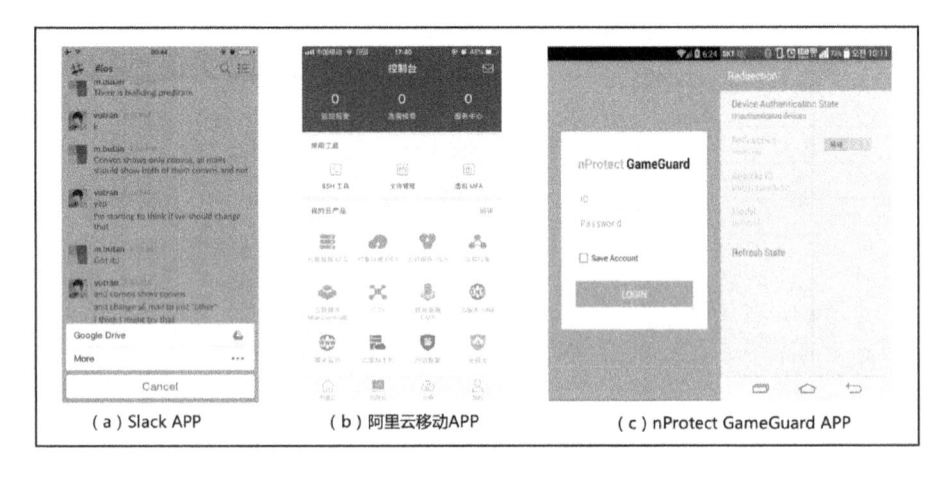

图 3-6　移动 APP 形态的 To B 产品案例

许多时候，复杂的 To B 业务不方便在移动设备上操纵，而且这些业务也无须实时操作。在这样的业务场景下，移动 APP 形态更适合作为辅助管理工具，做一些服务状态监控及简单业务处理的工作。例如，图 3-6 中（b）所示的阿里云 APP 和图 3-6 中（c）所示的 nProtect GameGuard APP 工具都属于这种类型。

其中，nProtect GameGuard 是国外的一款反外挂产品，该产品为移动游戏提供反外挂服务，重要的业务操作都放在 Web 平台上处理，nProtect GameGuard

这款移动 APP 仅在用来测试效果时使用。在手机安装该 APP 后,可以选择切换连接到测试服,测试反外挂效果,在确认测试服的效果符合预期后,再在 Web 平台上将策略发布到正式服,对外网玩家正式生效。

(4) SDK 产品

面向开发者用户,集成在开发项目中。

(5) 命令行工具

面向开发者用户,其本质依然属于 PC 上的客户端工具,但可以方便开发者使用,且能够提供强大的功能支持。

(6) API 接口

面向开发者用户,以快速"请求—响应"的方式提供服务。

(7) 其他形态

除上述的常见 To B 产品形态外,广义而言,数据库组件、服务器、VR 头盔、餐饮商家使用的触摸屏、5G 基站等所有企业可以采买的产品和服务都属于 To B 产品形态。

需要说明的是,尽管 To B 产品形态各有不同,但它们所属的整体 IT 架构形式往往都是统一的。各种形态的用户端产品都统一连接到后台服务器,服务器结合数据库的数据存储管理能力,为用户提供全面的业务服务能力。

即使是同一款 To B 产品,也往往会同时存在多种产品形态。例如,Slack 企业的 IM 产品,同时提供了 Web 平台、客户端、移动 APP 三种产品形态(如图 3-7 所示)。其中,客户端又分别提供 Windows 版、macOS 版、Linux 版,分别支持 32 位、64 位。

图 3-7 Slack 产品提供多种产品形态

3.4 IaaS、PaaS和SaaS

随着云计算的兴起，云服务、IaaS、PaaS、SaaS 等名词越来越多地出现在人们的视野中，它们与 To B 服务究竟是什么关系呢？

1．三种服务的关系

云服务是 To B 服务的重要存在形式。云服务根据服务内容的不同，可以划分为三层：IaaS、PaaS、SaaS。To B 服务与云服务的关系如图 3-8 所示。

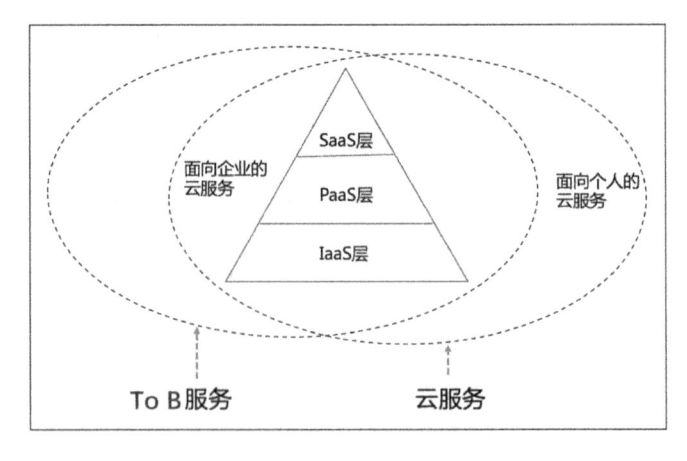

图 3-8 To B 服务与云服务的关系

其中，IaaS、PaaS、SaaS 三者之间的关系和区别如下。

（1）IaaS

IaaS 层将底层的基础设施资源以服务的形式提供给用户。这些资源包括 CPU、内存、数据库、网络带宽、虚拟计算，等等。

IaaS 层解决的是资源问题。

（2）PaaS

PaaS 层将开发过程中的软件、工具、平台以服务的形式提供给用户。PaaS 层提供了开发过程中的诸多能力，它向下负责对 IaaS 层的基础资源的管理，向上负责对 SaaS 层具体业务的支持。

PaaS 层又可以分为 iPaaS（Integration PaaS，集成平台即服务）和 aPaaS（Application PaaS，应用平台即服务）。

iPaaS 与底层资源密切关联，它将底层能力实现为统一的 API 群，为上层 aPaaS 提供支持，具体包括 IaaS 管理、容器平台、DB 管理、作业平台，等等。

aPaaS 与上层业务密切关联，它将 iPaaS 提供的能力以 API 或 SDK 的形式整合到开发框架中，同时为 SaaS 层具体业务提供模块化支持，具体包括监控系统、日志系统、版本发布系统、用户分析系统，等等。

PaaS 层解决的是开发问题。

（3）SaaS

SaaS 层提供的是与具体业务相关的能力。我们生活中常接触到的云服务大多数都属于 SaaS。例如，iPhone 手机提供的云服务、阿里云提供的 OCR（Optical Character Recognition，光学字符识别）服务、百度云提供的移动 APP 测试服务，等等。

SaaS 层解决的是业务问题。

2. 用New Pizza模型理解三种服务

2014年，IBM软件架构师Albert Barron提出了方便理解IaaS、PaaS、SaaS三者之间关系的Pizza模型。后来David Ng对Pizza模型做了更新并提供了更容易理解的描述，我们称之为New Pizza模型。

下面我们以New Pizza模型为例描述三者的区别。

假如你想开一家比萨店。最原始的做法是自己准备好厨房、煤气、烤箱等基础设施，然后再准备好比萨饼皮，最后再添加佐料，将比萨制作完成。

这个过程很麻烦而且投入很大，有没有优化方式呢？

New Pizza模型提出的解决方案如图3-9所示，我们逐步来看。

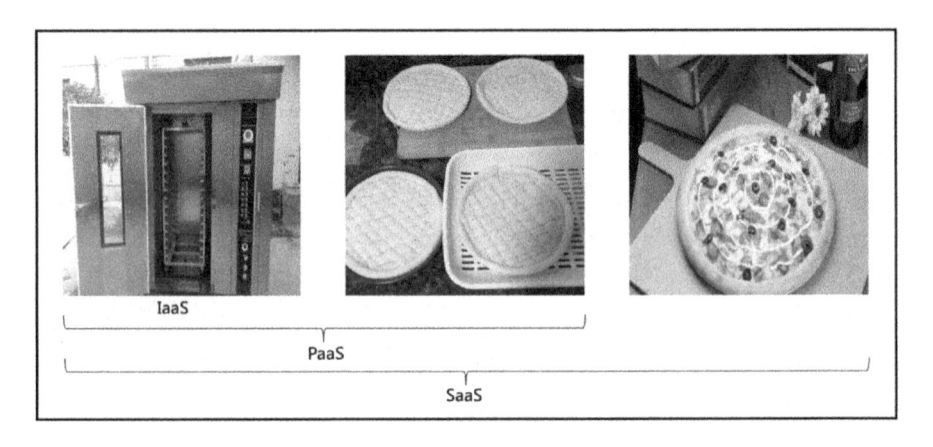

图3-9 New Pizza模型示意图

（1）IaaS方式：别人给你提供厨房、煤气、烤箱等基础设施。

（2）PaaS方式：别人不仅提供基础设施，还给你提供比萨面团，你只需要在此基础上，自己添加佐料，设计各式各样的口味，烘烤完成你的比萨产品即可。

（3）SaaS方式：别人已经完全把比萨做好了，直接送到你手里。你无须关心任何准备与制作过程。拿到比萨后直接把比萨放在店里对外出售即可。

David Ng 设计的 New Pizza 模型的详细图解如图 3-10 所示。

New Pizza as a Service

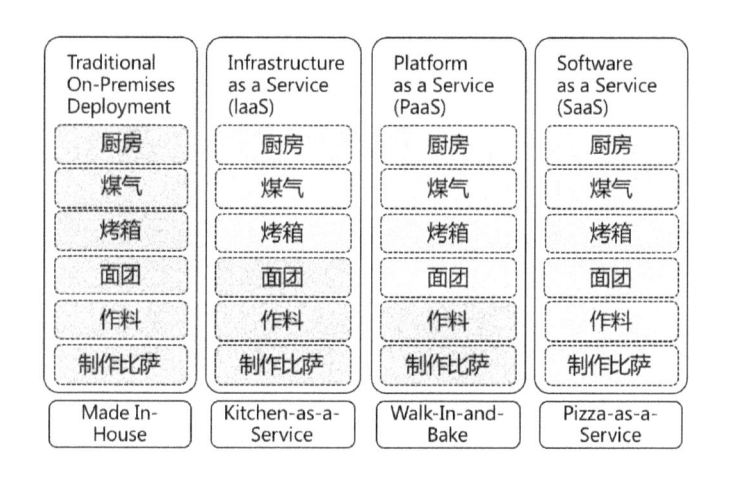

Traditional On-Premises Deployment	Infrastructure as a Service (IaaS)	Platform as a Service (PaaS)	Software as a Service (SaaS)
厨房	厨房	厨房	厨房
煤气	煤气	煤气	煤气
烤箱	烤箱	烤箱	烤箱
面团	面团	面团	面团
作料	作料	作料	作料
制作比萨	制作比萨	制作比萨	制作比萨
Made In-House	Kitchen-as-a-Service	Walk-In-and-Bake	Pizza-as-a-Service

□ 自己负责   □ 供应商负责

图 3-10 New Pizza 模型的详细图解

图 3-10 中的四列分别对应完全自己做、IaaS 模式、PaaS 模式、SaaS 模式，从左往右，自己承担的工作量越来越少，外部提供的服务越来越多。

New Pizza 模型和互联网云服务中的三种模式是非常相似的。从 IaaS 到 PaaS 再到 SaaS，需要自己做的越来越少，外部服务商提供的服务越来越多。

第 4 章
To B 平台产品的策划

胸有激雷而面如平湖者,可拜上将军。

——司马迁《史记》

4.1 To B平台产品的架构

To B 平台类产品(Web 平台)是 To B 产品经理负责策划的最基础、最重要的产品形态。

要想做平台产品策划的工作,需要首先了解 To B 平台的架构与层级关系。如图 4-1 所示,以一个为游戏开发者提供服务的平台为例,展示了其架构示意图。

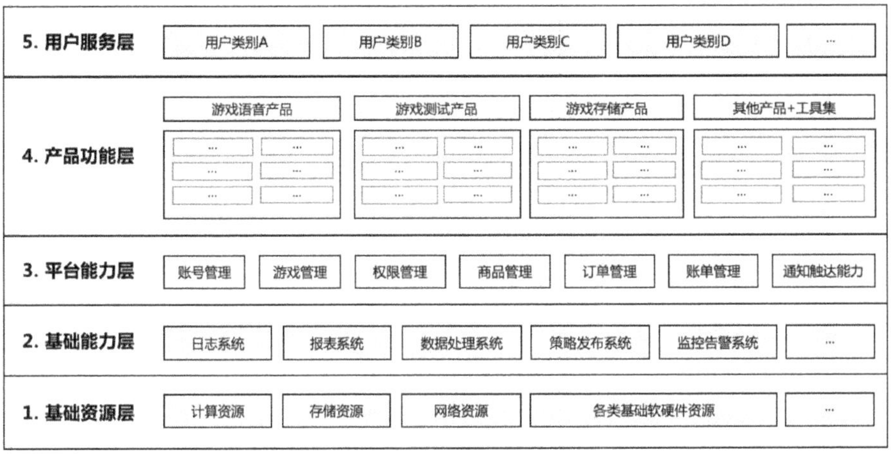

5. 用户服务层	用户类别A	用户类别B	用户类别C	用户类别D	...
4. 产品功能层	游戏语音产品	游戏测试产品	游戏存储产品	其他产品+工具集	
3. 平台能力层	账号管理 游戏管理	权限管理	商品管理	订单管理 账单管理	通知触达能力
2. 基础能力层	日志系统 报表系统	数据处理系统	策略发布系统	监控告警系统	...
1. 基础资源层	计算资源 存储资源	网络资源	各类基础软硬件资源		...

图 4-1 游戏开发者服务平台架构示意图

需要特别说明的是，对于平台架构与层级关系的梳理，存在各种各样的版本，不同的视角有不同的看待方式，不同的业务场景也有各自的划分方式。本节的架构关系图也仅为示例，读者不需要过分纠结层级划分的细节，仅需从 To B 产品经理的视角出发去思考一个平台应该有哪些层级，以及我们应该该如何理解、如何做。

在图 4-1 中，笔者将 To B 服务平台划分为 5 层，从底层往上分别是：基础资源层、基础能力层、平台能力层、产品功能层、用户服务层。其中，下面 2 层（基础资源层和基础能力层）无须产品经理过多关心，上面 3 层（平台能力层、产品功能层和用户服务层）则需要产品经理重点关注、理解、思考、策划。

以下分别对上面的各层级做简要介绍。

1. 基础资源层

对于服务器、数据库、网络带宽、ABC（人工智能、大数据、云计算）等所代表的底层软硬件资源与服务能力，笔者统一将它们划分在了最下面的基础资源层。

该层为上层服务的正常运行提供资源层面的支撑，属于后台、运维、策略方面的技术人要重点关注的内容，不需要 To B 产品经理过多关注。

2. 基础能力层

在基础资源层之上是基础能力层，它代表了一个 To B 服务平台想要提供完善服务所需要具备的底层业务能力，它不再属于通用的底层资源，而和上层产品服务具有关联关系。

这一层包含哪些内容？例如，在产品业务正常运转时总需要日志或者说 Log 的记录和存储，这时候就需要完备的日志系统；在上层业务服务客户时，总需要做报表统计并在此基础上策划出各式各样的产品形态，这时候就需要报表系统；对于海量数据上报的业务，则需要大数据处理组件对数据进行处理；假如外网方案在运行过程中需要进行调控管理，则需要策略发布系统（也称为特征发布系统）；业务的运转过程则需要有监控告警系统做保障……

该层的内容同样不需要 To B 产品经理过多关注，但却是业务出现问题时很容易追究到的根源问题，所以需要产品经理能够了解这些模块，同时意识到提升这些基础能力的稳定性对于上层服务的价值。

3. 平台能力层

平台能力是 To B 服务平台面向用户服务过程的重要能力，需要 To B 产品经理严密分析、重点设计、持续更新、长期维护。

该层能力与具体的产品功能特性解耦，为整个平台的业务运转提供支撑。

平台能力层包含哪些内容？举例说明。

（1）账号管理：用户使用平台，需要注册账号、登录账号、做企业认证，同时账号既需要与具体的项目相关联，又需要与自己的权限分类相对应。这是账号管理模块需要解决的问题。

（2）项目管理：用户在平台上使用产品功能特性前，需要先注册项目（比如，一个游戏开发者服务平台，那么就需要注册一个游戏），所以，需要有项目管理模块，对项目的基本属性（注册时间、注册人、图标等）、关联用户、关联产品及其有效期等进行管理。

（3）权限管理：权限管理是 To B 服务平台的关键模块。在一个用户登录平台后，他能够管理哪些项目下的哪些产品的哪些功能，他属于哪个角色？当前角色不满足需求时，是否需要创建新角色？一个角色的权限是否可以调整？这些都需要通过权限管理模块来进行管理。

（4）商品管理：在平台上，将为客户提供哪些可以购买的商品（产品）？他们又有哪些基本属性（例如产品名称、描述、价格等）？是否需要有折扣管理，又是否需要和折扣审批流程相关联？这些都需要通过商品管理模块来进行管理。

（5）订单管理：在用户下单之后，需要通过订单管理模块对其基本属性（例如订单编号、用户、公司、来源、购买的产品、金额等）和关联业务（例如财务统计与报表查看）进行管理。

（6）账单管理：用户在使用产品过程中生成的账单（例如按照调用量计费的产品、每天生成使用明细、按天或者月为单位生成账单）需要通过账单管理模块进行管理。

（7）通知触达能力：用户在使用平台产品的过程中，诸如新能力发布、系统维护、服务到期等场景都需要有能力能够触达用户，触达的方式可以采用邮件、短信、电话、平台首页置顶展示、管理微信账号进行通知等方式。哪些消息是需要自动触发的，哪些是需要运营人员手动编辑发布的？这些都需要通过对通知触达能力进行策划来实现。

（8）其他。

以上仅是部分模块举例，想要一个平台健全地运作，需要更完善的平台能力设计（例如开发者学院、文档中心等）。

总之，平台能力层需要 To B 产品经理能够精心设计，不断完善系统各项模块，保障整个产品业务的正常运作及满足用户使用的高标准体验。

4．产品功能层

产品功能层的策划是 To B 产品经理的核心职责所在，既要能够通过产品介绍、帮助文档让用户了解产品，又要通过设计流程引导客户试用，在用户使用过程中还要通过控制台（或者称为开发者中心）为用户提供可控管理策略、管控风险、查看数据、导出数据的功能集合。

不同产品在对应的产品功能层的设计上千差万别，需要 To B 产品经理深入理解技术原理，根据用户需求，将复杂的技术方案转化为优秀的交互方式。4.3 节会用一个案例分享设计过程中的思路。

5．用户服务层

在平台能力层和产品功能层之上，需要重点分析平台用户的分类和需求。从上层用户的视角，从用户体验地图的角度，进行下面各层次的功能体验的设计和优化，确保各类别用户在平台上的体验是符合各自需求和预期的。

除 3、4、5 层中对于功能层面的梳理之外，平台及功能的安全性也需要 To B 产品经理思考，甚至融入方案设计中，这部分将会在 4.6 节中介绍。

以上是 To B 产品经理对外服务平台的架构梳理。除对外服务平台之外，还需要建设内网管理系统以支持内部运营管理需求，提供诸如配置管理、版本上传、打点统计与展示等各项功能，这些也都属于 To B 产品经理的策划范畴。

4.2　To B 平台的"面子"

从产品策划的角度，我们可以把 To B 平台划分为"面子"和"里子"。

"面子"指的是不涉及具体业务使用的部分，包括首页、产品介绍页、解决方案介绍页、在线体验、Demo 演示、新闻中心、联系我们、关于我们，等等。

"里子"指的是与具体业务使用相关的部分，最重要的是控制台（也被称为"管理中心""开发者中心"，等等），其次还包括工具下载、文档中心、购买相关的业务流程、权限系统、订单账单管理等业务模块。

4.2.1 产品和解决方案

在"面子"部分，产品介绍和解决方案介绍是最为重要的两部分，处于网站顶部的中心位。如图 4-2 所示为同盾科技服务平台的产品目录，其中每一项产品都有自己的产品介绍页面。

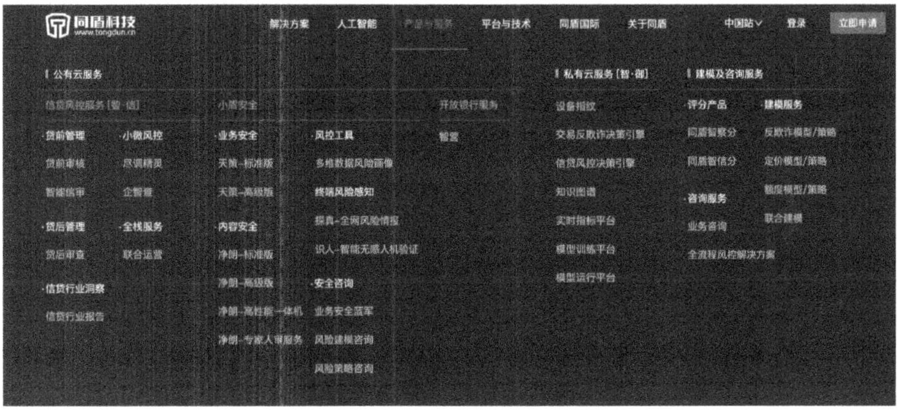

图 4-2 同盾科技服务平台的产品目录

产品介绍部分，以每个可供购买的产品为单位，为其单独设计一个页面，用于向用户讲述产品的核心功能与优势，并引导客户试用和购买。

解决方案部分，以每个解决方案为单位，为其单独设计一个页面，用于从场景或行业角度向用户系统性地阐述企业可以为用户提供的体系化解决方案。解决方案往往由多个产品组成。

产品与解决方案的关系：产品是最小可售卖的个体，解决方案不是可售卖的个体,而是产品的集合。一个解决方案可以包含一个或者多个产品,一个产品可以被一个或者多个解决方案所包含。产品与解决方案的关系如图 4-3 所示。

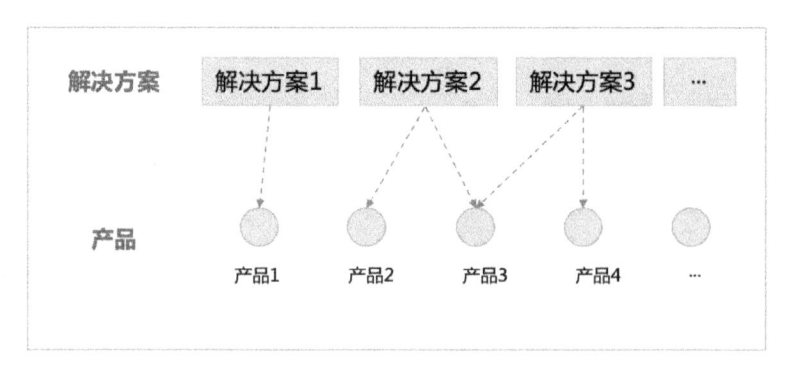

图 4-3 产品与解决方案的关系

下面对"产品页面"和"解决方案页面"的核心策划要点进行说明。

4.2.2 产品介绍页面的 8 个关键要素

每个产品都有自己的产品介绍页面。

产品介绍页面的作用是向用户概要说明产品是什么、有哪些功能、有哪些优势、可以用在哪些场景,从而契合用户的需求。在此基础上,再用合作案例做背书,用简单的使用方式去引导用户试用体验。

基于上述目标,下面总结了产品介绍页面需要呈现的 8 个关键要素(如图 4-4 所示)。

(1) banner

banner 部分是一个产品的脸面,需要能够快速向用户传递产品的关键信息。该部分至少需要包含以下 4 个子要素。

① 产品名称。

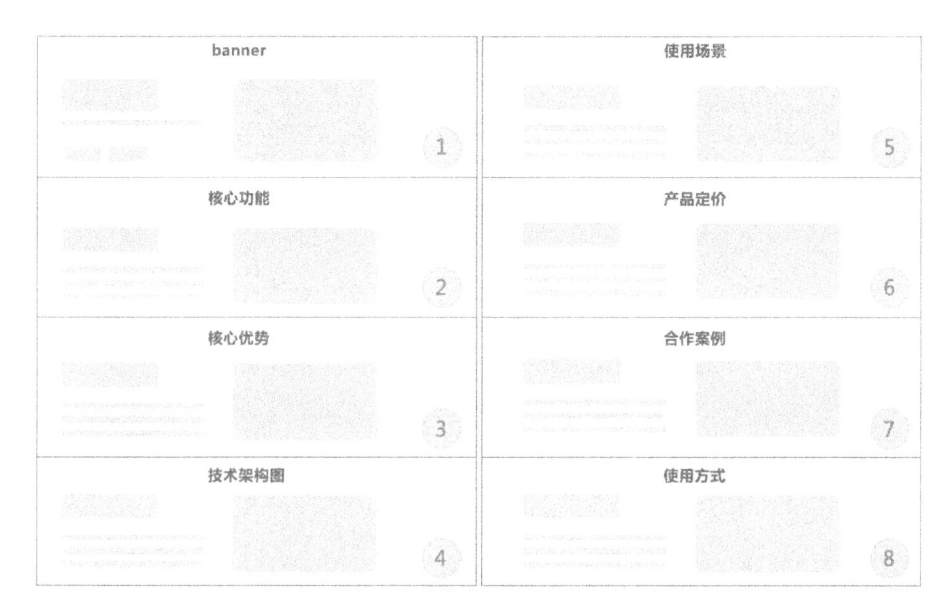

banner ①	使用场景 ⑤
核心功能 ②	产品定价 ⑥
核心优势 ③	合作案例 ⑦
技术架构图 ④	使用方式 ⑧

图 4-4　产品介绍页面的 8 个关键要素

② 一句话描述：在产品名称旁边一般对产品做简要描述，文案在 20～30 个字。产品经理需要有一句话描述清楚产品的能力。

③ banner 图。

④ 购买、试用、Demo 下载等对用户的进一步行为的引导。

图 4-5 所示为典型的产品 banner 图示例。

图 4-5　典型的产品 banner 图示例

（2）核心功能

紧随 banner 之后一般会呈现产品的核心功能。产品经理需要将产品的核心功能提炼出来，按重要性排序呈现。在对核心功能的提炼之前，To B 产品经理需要对产品方案的原理及问题的解决思路有深刻的理解，并与技术人员交流学习。

如图 4-6 所示，某安全品牌旗下的"多维数据风险画像"产品提炼的 4 个核心功能，能够让用户快速知道产品的核心功能是否和自己的需求相匹配。

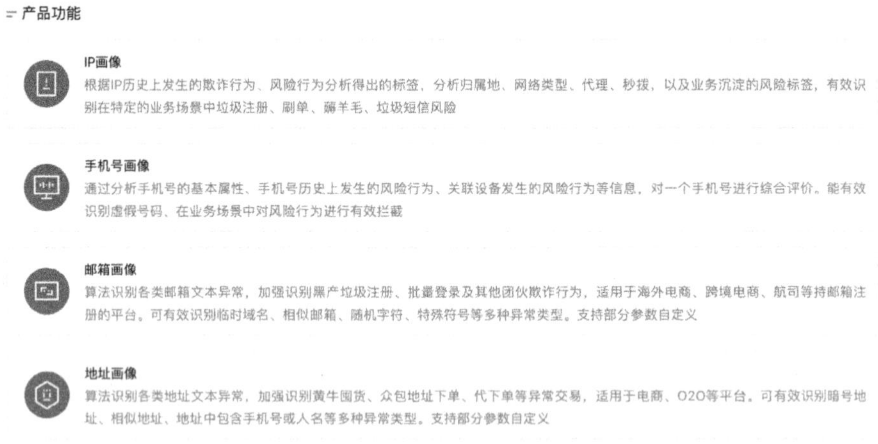

= 产品功能

IP画像
根据IP历史上发生的欺诈行为、风险行为分析得出的标签、分析归属地、网络类型、代理、秒拨，以及业务沉淀的风险标签，有效识别在特定的业务场景中垃圾注册、刷单、薅羊毛、垃圾短信风险

手机号画像
通过分析手机号的基本属性、手机号历史上发生的风险行为、关联设备发生的风险行为等信息，对一个手机号进行综合评价。能有效识别虚假号码，在业务场景中对风险行为进行有效拦截

邮箱画像
算法识别各类邮箱文本异常，加强识别黑产垃圾注册、批量登录及其他团伙欺诈行为，适用于海外电商、跨境电商、航司等持邮箱注册的平台。可有效识别临时域名、相似邮箱、随机字符、特殊符号等多种异常类型。支持部分参数自定义

地址画像
算法识别各类地址文本异常，加强识别黄牛囤货、众包地址下单、代下单等异常交易，适用于电商、O2O等平台。可有效识别暗号地址、相似地址、地址中包含手机号或人名等多种异常类型。支持部分参数自定义

图 4-6　核心功能展示案例

（3）核心优势

与我们产品类似的竞品有很多，为什么用户要选择我们？核心优势模块的设计目的就是挖掘我们的产品与竞品相比的核心优势，引导用户做决策和做选择。

To B 产品经理可以从技术深度、多年积累、专业团队、稳定性、兼容性、客户数、大数据量级、行业认证等多个维度对自家产品的优势进行提炼，最后按优先级排序并选择其中的 4~6 个即可。

如图 4-7 所示，是上述的"多维数据风险画像"产品提炼的核心优势。

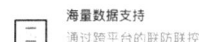

图 4-7　核心优势展示案例

（4）技术架构图（可选）

技术架构图的呈现属于可选部分。对于以关键技术能力作为核心卖点的产品，有必要将自己脱敏的核心技术架构图呈现出来，体现自身的竞争优势。

（5）使用场景

即使是非常类似的产品，也可能有使用场景的差异。我们可以在使用场景模块通过形象的示意图把自己产品表现最佳的场景呈现出来，帮助用户做选择。该模块的标题可以为"使用场景"或"适用场景"。

如图 4-8 所示，为某"实时语音识别"产品总结的适用场景。

图 4-8　适用场景展示案例

（6）产品定价（可选）

产品定价部分既可以采用额外的页面与其他产品组合在一起进行系统化的呈现，也可以在自己的产品上灵活展示。这里不展开讲。

（7）合作案例

合作案例用于展示与客户的合作情况，促使新客户做购买决策。

如果使用该产品的合作客户数量较多，可以展示大量合作厂商的图标，甚至展示已合作客户数量上万家或者上百万家的文案。

如果某些行业的 Top 标杆客户也在用该产品，而且在某些场景下为客户解决了关键问题或带来了较大收益，则可以选择 1~3 个重点案例做详细呈现。

用户在看到呈现的内容后，可能会产生诸如"已经有这么多厂商在用该产品了啊，我也试试""原来这个行业 Top 大厂也是用的该产品啊，那该产品应该信得过"的想法，很容易引导客户进行试用。

如图 4-9 所示为某"即时通信"产品呈现的客户案例。

图 4-9　合作案例示例

（8）使用方式

使用方式一般作为页面的最后一个模块，用于在用户了解前面的产品介绍内容之后，引导用户能够快速上手试用，成为试用用户。该模块的设计需要突出简单易上手的核心思路。需要通过几个简单步骤及快捷跳转引导用户成功注册并发起试用。如图4-10所示为某"云直播"产品提供的使用方式引导。

图 4-10　使用方式引导示例

以上是对产品介绍页面常见要素的总结。除此之外，也可以把其他一些要素合并进来。例如，在线体验模块，交互较复杂的可以单独在其他页面呈现，比较简单的在线体验功能也可以直接加入产品介绍页面。

当我们系统化地策划 To B 平台上的一系列产品介绍页面时，就要求各方案提供者提供产品介绍页的素材，这时候需要提供一个 Excel 表格模板来进行收集。

4.2.3　解决方案页面的策划要点

为什么需要解决方案？

第一个原因是卖单个产品，收入少，而把多个产品整合为解决方案打包售卖，收入就多了。第二个更为重要的原因是，我们需要以解决方案的方式与客户建立系统化的合作，形成生态。单个产品这样的单点合作很容易被竞品系统化的、整体性的、高品质服务的解决方案所打败。

解决方案页面的核心设计目标：从行业或场景出发，理解客户需求与痛点，以自身各产品为基础进行整合，为客户提供整体的解决方案，深度解决客户的问题。更进一步，依托于多产品整合的完整解决方案带来的高品质服务，与客户建立深度的合作，形成广泛的合作生态和行业竞争力。

解决方案一般而言可以从以下两个维度出发进行整合：（1）面向行业；（2）面向业务场景。

同盾科技是一家专注黑产风控的 To B 服务提供商，他们基于自身的多个独立产品（如图 4-11 所示），进行了解决方案的整合，既整合形成了面向银行、金融、保险、政府等行业的解决方案，也整合形成了面向反欺诈、小微信贷风控、零售信贷风控等不同业务场景的解决方案。

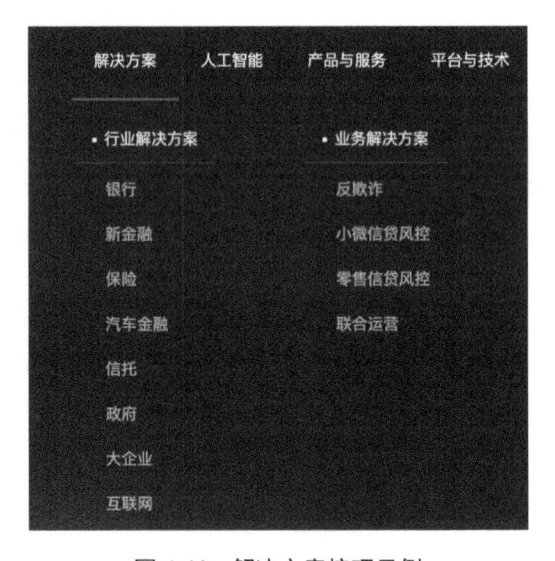

图 4-11　解决方案梳理示例

关于解决方案页面的设计思路，与产品页面的思路类似，这里不再赘述，仅做两点说明。

一是可以重点呈现解决方案的整体架构。这是一种用来展现企业实力的关键方法，需要花费很多时间重点整理和谋划。常见的思路包括从事前、事中、事后的时间维度呈现方案架构，也包括从业务流程的事务维度呈现技术架构。

二是需要清晰呈现解决方案和用户采购的产品之间的对应关系，对于一些可自助化购买的产品可以设置快速发起购买。

如图 4-12 所示，这是华为云"虚拟银行"解决方案的架构图。如图 4-13 所示为该解决方案与对应的产品之间的关联关系。用户可以点击其中一个产品，就可以快速了解并发起购买。

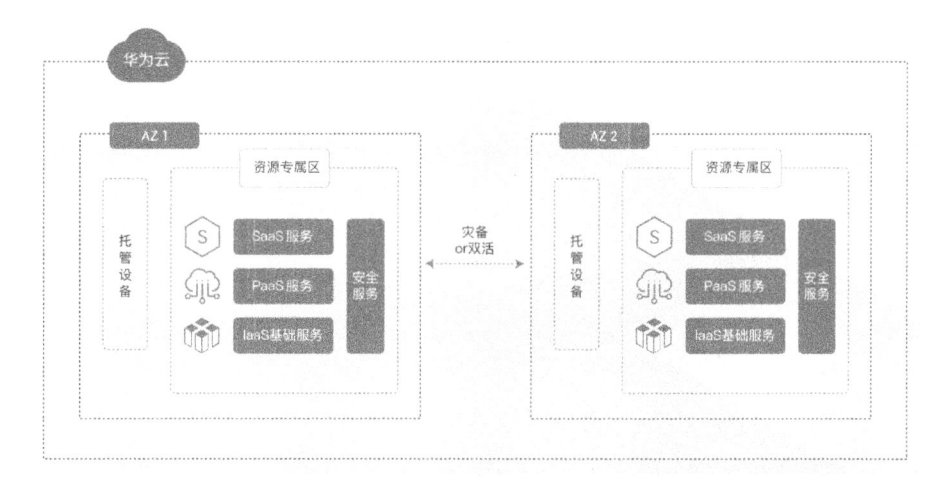

图 4-12　解决方案架构图示例

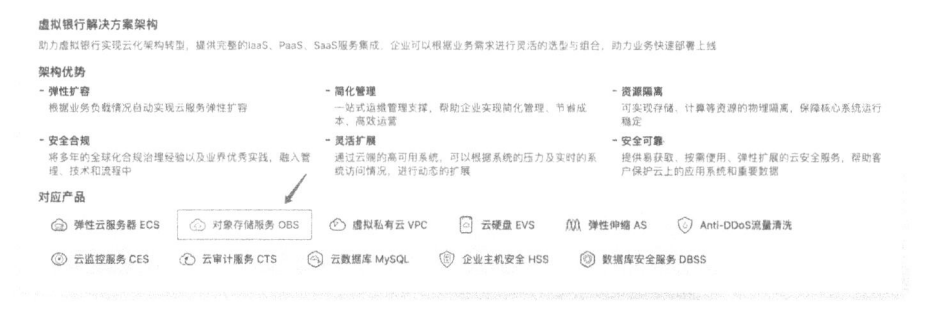

图 4-13　解决方案与产品的关联关系示例

第 4 章　To B 平台产品的策划　|　71

4.3 To B平台的"里子"

To B 平台的"里子"是平台为用户提供服务的内核部分，也是对 To B 产品经理挑战最大的部分，需要 To B 产品经理具备以下几方面的能力。

（1）平台架构能力：基于对用户完整业务流程的全面梳理和理解，搭建平台架构、设计功能模块，并能够将各功能模块有机地整合为可以真正解决具体问题的、可操作的、可闭环的业务流程。

（2）方案理解能力：明白方案要解决的问题及关键要素，了解用户最关心的问题及使用场景，等等。只有对方案理解清楚了，才能够设计对应的功能模块。

（3）技术理解能力：即使不是技术出身，也需要产品经理能够理解产品涉及的技术原理、实现思路、数据字段、交互方式等技术性内容，才能够在具体的功能模块的实现过程中做好跟进与管理。

需要说明的是，虽然 To B 平台产品的整个框架设计有其共性，但不同企业的 To B 产品都不太一样。常见的 CRM 系统、HRM 系统已经随着行业的拓展进入红海领域了，不再适合新的 To B 产品经理进入。本节仅取一个产品案例对框架设计思路进行说明，更多实践需要读者在工作中具体研究。

案例：游戏服务平台的设计

在此还是以 4.1 节提到的游戏服务平台为例。我们通过 To B 平台为游戏企业提供服务。游戏企业的管理者到平台上创建项目并购买产品，游戏企业的开发者及运营人员在平台上使用产品，享受服务。

我们以该案例为基础，描述业务流程梳理的思路和功能模块设计的思路。

4.3.1 业务流程梳理

对于业务流程的梳理，一是思考全面，二是在此基础上进行提炼。

怎样将所有的流程都能考虑全面呢？建议可以从用户角色的角度出发：你的产品面向的用户可以划分为哪些角色？他们到 To B 平台上来会做什么事情？具体完成的步骤又是怎样的？这就可以一步一步梳理出来。

案例：游戏安全服务平台用户角色

① 游戏项目管理者：他被安排作为产品的首要对接人，到平台上来采购产品。在采购过程中，他需要注册账号并在平台上登录，然后完成企业认证，选择产品，支付订单，再申请发票，最后将购买的产品绑定到自己创建的项目上，这样就完成了整个采购过程。

② 开发人员：游戏项目的开发者会到平台上完成产品的接入流程。在接入流程中，他需要首先登录平台，然后选择项目并下载待接入的组件，查看教程并对方案进行接入，在接入后进行自测，在自测没有问题后申请验收，在验收通过后完成整个接入流程。

③ 运营人员：在方案接入后的运行过程中，运营人员会到平台上来管理自己项目的服务，他需要先登录并进入控制台，选择产品，然后选择产品对应的页面或功能来进行管理。

④ 其他角色：流程分析以此类推。

图4-14所示为游戏服务平台的一些业务流程梳理，仅做示例。

采购流程：注册账号 → 登录 → 企业认证 → 选择产品 → 支付订单 → 申请发票 → 绑定服务 → 完成采购

接入流程：登录 → 选择项目 → 下载组件 → 查看教程 → 接入方案 → 接入自测 → 接入验收 → 完成接入

使用流程：登录 → 进入控制台 → 选择产品 → 使用产品 → ……

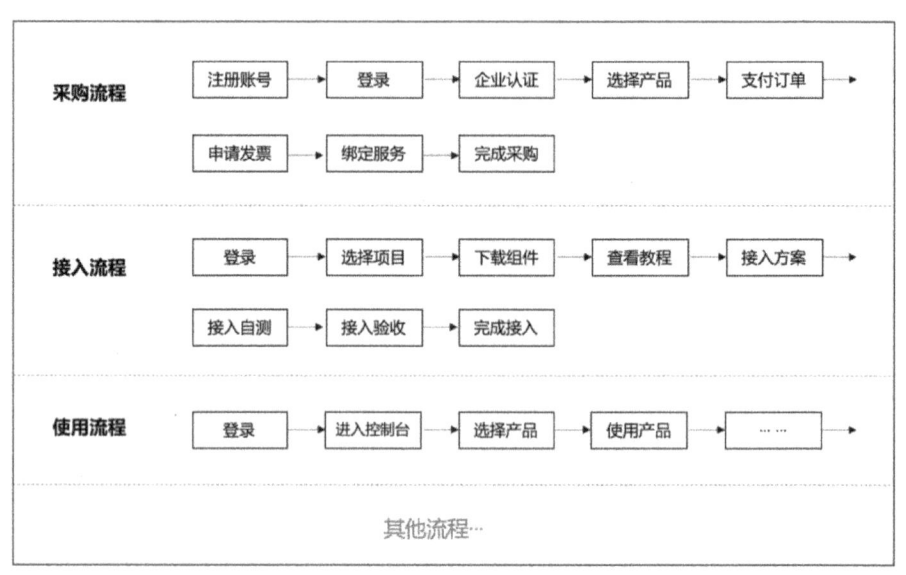

其他流程……

图4-14 游戏服务平台的业务流程梳理示例

在完成详细的业务流程梳理之后，便可以提炼要建设的功能模块。

案例：在游戏服务平台流程中的一些操作环节和功能模块

① 注册账号：需要建设账号管理模块，并思考账号有哪些类型、需要哪些信息、账号等级体系等内容。

② 登录：需要建设登录管理模块，并思考有哪些登录方式、国内外用户分别怎么登录、登录方式怎么切换、频繁恶意登录的管理等内容。

③ 企业认证：需要建设企业认证管理模块。

④ 选择产品：需要建设产品中心管理模块。

⑤ 支付订单：需要建设订单管理模块。

……

总之功能模块的提炼依赖于业务流程的梳理，需要详尽梳理业务流程并归纳各流程中有共性的模块，对模块进行分类，然后展开建设。

4.3.2　功能模块设计

功能模块可以分为两类：平台功能模块和产品功能模块。它们分别和图 4-1 中的平台能力层和产品功能层相对应。

在 4.3.1 节中对平台功能模块已经做了较多描述，在这里我们以游戏服务平台上的单个产品（游戏内容安全产品）为例，描述提炼其产品功能模块的思路。

案例：游戏内容安全的功能模块设计

什么是游戏内容安全产品？在游戏、社区、论坛或任何存在用户可以自定义内容的 UGC（User Generated Content，用户原创内容）场景下，玩家可能会发布一些涉政、暴恐、色情、辱骂、赌博、广告等相关的内容，这些内容是不被允许的。这时候，游戏就需要采购游戏内容安全产品。

游戏内容安全产品会在游戏开发者接入服务后，对游戏的文本、图片、语音等内容进行自动化机器审核，并将结果反馈给游戏侧，游戏侧选择实时进行处理或者事后处理。对于自动化机器审核被漏掉的内容，还可以把这些漏网之鱼通过反馈系统进行提交，然后进行人工审核，进一步解决这些疑难问题。

我们需要以游戏内容安全产品的使用流程为基础，梳理其需要建设的功能模块。

① 想要使用内容安全产品，首先需要接入方案，并能够明确游戏会在哪些场景下进行内容检测判定，所以需要设计接入系统。

② 在接入完成后，游戏运营人员需要能够管理在不同场景下不同的使用策略。例如在用户名中主要使用政治、色情等敏感策略，在聊天场景中重点使用广告、赌博等检测策略。这些策略允许游戏运营人员自助管理，所以需要设计策略管理模块。

③ 在内容检测一段时间后，游戏侧需要了解近期检测数量、违规占比、违规内容的类型等，所以需要设计数据统计模块。

④ 对于一个游戏玩家的违规，游戏侧希望能够快速查询他最近被处罚的内容及原因，所以需要设计数据查询模块。

⑤ 对于检测的数据和一些违规作弊名单，游戏侧希望能够导出，对用户做进一步的处罚，所以需要设计数据导出模块。

⑥ 对于一些关键词，如果词库不全或者游戏侧有定制化的需求，我们需要设计关键词管理模块，让用户能够自助化管理。

⑦ 此外，当机器审核有遗漏或者有错误时，我们需要设计一套反馈系统，用户可以在系统上提交误判、漏判的内容，进行进一步的人工审核。

……

根据上面的分析，我们可以整理形成如图 4-15 所示的游戏服务平台功能架构图，然后基于此进行更进一步的产品建设。

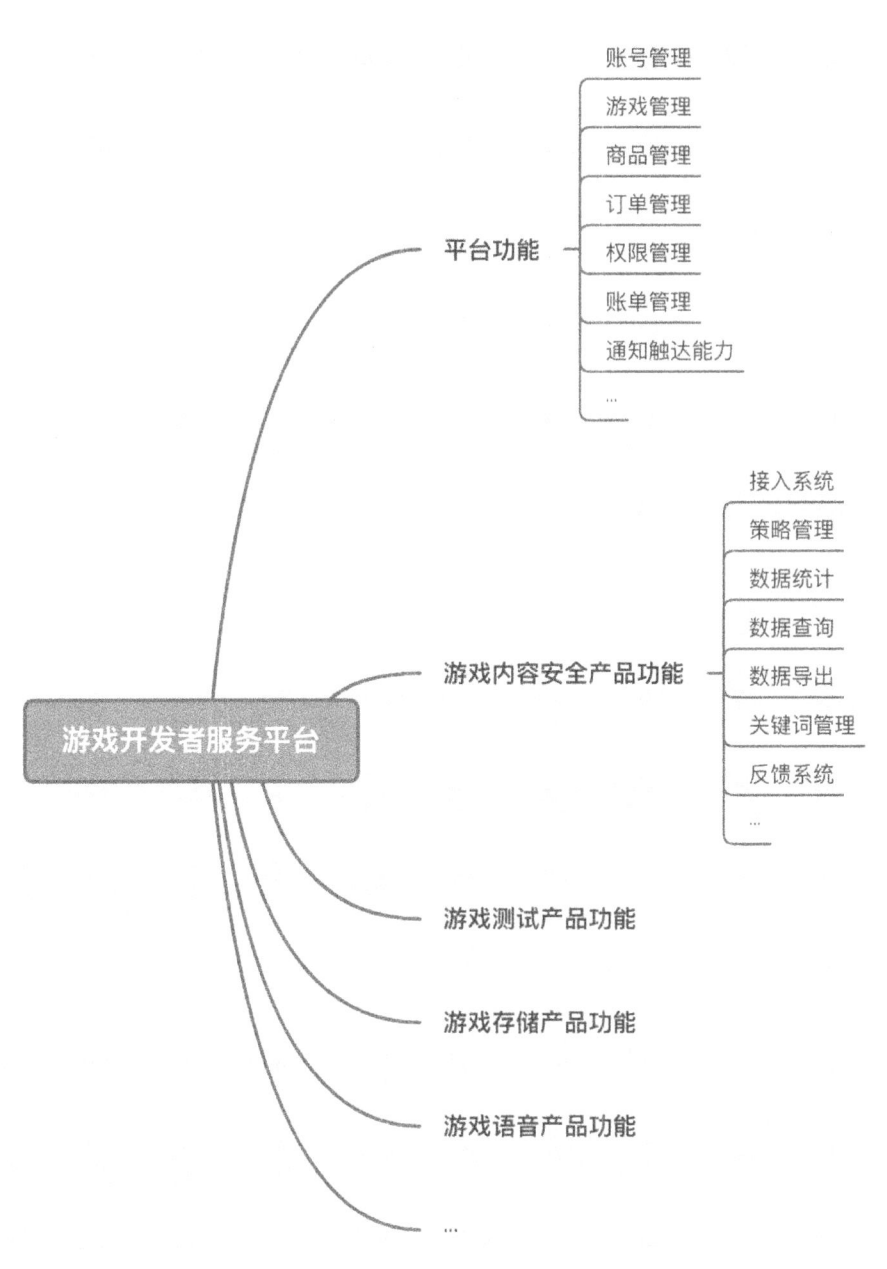

```
游戏开发者服务平台
├── 平台功能
│   ├── 账号管理
│   ├── 游戏管理
│   ├── 商品管理
│   ├── 订单管理
│   ├── 权限管理
│   ├── 账单管理
│   ├── 通知触达能力
│   └── ...
├── 游戏内容安全产品功能
│   ├── 接入系统
│   ├── 策略管理
│   ├── 数据统计
│   ├── 数据查询
│   ├── 数据导出
│   ├── 关键词管理
│   ├── 反馈系统
│   └── ...
├── 游戏测试产品功能
├── 游戏存储产品功能
├── 游戏语音产品功能
└── ...
```

图 4-15 游戏服务平台功能架构图

4.4 权限系统设计

权限系统是 To B 平台中除业务系统之外，非常重要的支撑性系统，本节对权限系统的设计思路进行说明。

4.4.1 为什么需要权限系统

当我们问为什么需要权限系统的时候，我们其实是在思考权限系统的价值或者重要性。

权限系统的本质是约定什么人在什么情况下可以做什么事。

就像生活中各式各样的法律法规，规定了什么人可以做什么事，不可以做什么事，从而让社会更加有秩序一样，设计精密的权限系统也可以让一个复杂的 To B 平台的业务流程更清晰，运作更稳定。

需要权限系统的原因至少包括两个方面。

（1）安全性

权限系统的一个重要作用是保障 To B 平台的安全性。比如，没有登录平台就不可以对控制台进行任何操作，这就是对控制台所涵盖的业务安全性的保障；再比如，如果不是某项目组的成员，就不允许对该项目下的内容进行操作，这就是对项目安全性的保障。正是 To B 产品经理在权限系统中设计的一系列"约定"保障了 To B 平台在业务层面的安全性（网络安全与平台底层的安全由技术人员进行负责）。

（2）业务需要

权限系统本身就是业务的需要（也即客户的需要）。

比如，在现实业务中，会计与出纳两个角色的工作内容就需要严格隔离，互补互斥。那么当把具体业务落到平台上之后，就需要为会计和出纳分别赋予不同的权限。

再比如，笔者遇到过的案例，客户公司采购了我们的产品，而我们通过 To B 平台提供服务。这时候，客户公司的运营人员主要使用数据模块，技术人员主要使用策略操作管理模块。本身我们没有对这两种业务模块的权限做细分。这时候客户就明确要求希望能够把运营人员和技术人员的权限划分开，才能符合他们公司的工作管理规范，否则，宁愿不用该平台。

如图 4-16 所示，TAPD 是一款许多团队都在使用的免费项目管理工具，该平台在"成员与权限"模块上为项目成员提供了完善的权限管理机制，保障了项目业务的完善管理。

图 4-16　TAPD 平台的权限系统示例

4.4.2　RBAC：基于角色的权限设计

既然权限系统非常重要，那么权限系统该如何设计呢？

1．RBAC的诞生背景

最简单的设计方式就是直接为平台上的每个用户赋予属于他的权限（操作

模块、页面、数据等）。但这种方式有缺陷，用户与权限之间有太强的耦合关系，处理效率低下，当用户量过多时，操作过于复杂。

而 RBAC（Role-Based Access Control，基于角色的权限设计）正好可以解决这个问题。

在 20 世纪 90 年代，大量专家学者和研究单位对 RBAC 概念进行了深入研究并提出了许多类型的 RBAC 模型，其中以美国乔治梅森大学信息安全技术实验室提出的 RBAC96 模型最具系统性。

RBAC 是一种最常使用的权限设计方式。其核心思路就是将用户通过角色与权限进行关联，一个用户拥有一个或者多个角色，每个角色拥有若干权限，构成"用户—角色—权限"的授权模型。其中，用户与角色、角色与权限之间都是多对多的关系。如图 4-17 所示为 RBAC 模型描述的关系示意图。

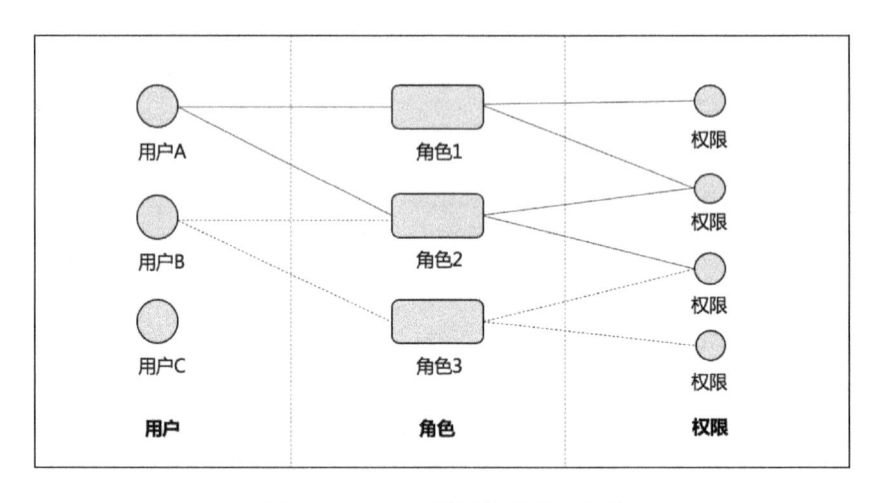

图 4-17 RBAC 描述的关系示意图

2. RBAC模型的组成

RBAC 模型主要分为四部分：RBAC0、RBAC1、RBAC2、RBAC3。它们之间的组成如图 4-18 所示。

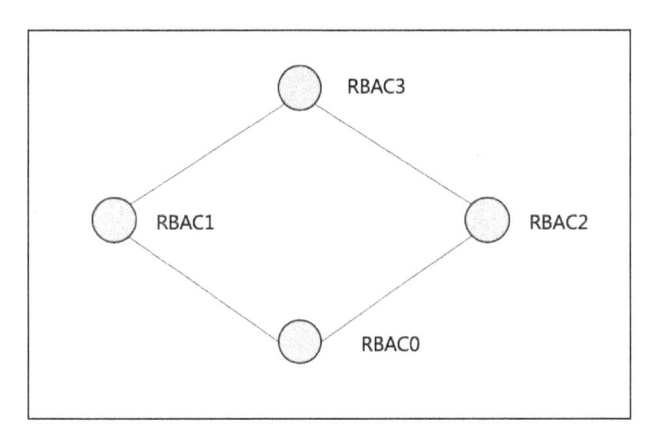

图 4-18　RBAC 模型的组成示意图

（1）RBAC0：RBAC0 是 RBAC 的核心和基础，RBAC1、RBAC2、RBAC3 都是在 RBAC0 的基础上进行扩展的。RBAC0 对"用户—角色—权限"的模型做了基本描述，并约定了基本组成部分：User（用户）、Role（角色）、Session（会话）、Permission（权限）。

（2）RBAC1：在 RBAC0 的基础上，引入了角色间的继承关系。即角色有了上下级关系，一个角色可以被另一个角色继承。

（3）RBAC2：在 RBAC0 的基础上，增加了对角色的限制，包括角色互斥、基数约束、先决条件角色等。例如，在财务流程中一个用户不能同时被分配"会计"和"出纳"两个角色，这就是角色互斥。总之，RBAC2 明确了更详细的使用场景。

（4）RBAC3：等于 RBAC1 加上 RBAC2，是最完整的 RBAC 统一模型。

3. RBAC的执行流程

在 RBAC 模型中，当一个用户请求访问某个页面或者进行某个操作时，会首先判断该用户属于哪几个角色，再看这几个角色有没有对应的权限，如果有，允许进行，如果没有，则提示无权限。整个执行流程如图 4-19 所示。

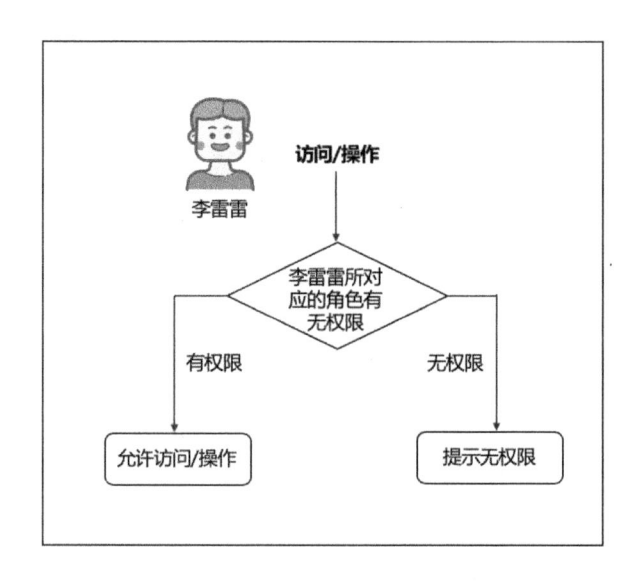

图 4-19　RBAC 执行流程示意图

4.4.3　权限系统设计案例

案例：游戏开发者服务平台的权限设计

以游戏开发者服务平台为例，用户所有的操作都在该 To B 平台上进行，他们使用该平台的场景大致为：游戏团队的负责人来到平台上注册自己的"项目（游戏）"，然后在平台上选择该"项目"所需要的"产品"（例如，游戏语音服务和游戏存储服务），购买付费，开通服务。接下来，在已注册的"项目"的权限管理模块，添加几位使用成员（经常使用该平台的同事），为他们分配不同的角色，后续这几位成员就可以到平台上使用对应的产品了。如果产品一直在有效期内，则可以一直被使用。

我们来拆解上述案例中的权限关系，可以发现，当判断一个用户（假设是李雷雷）是否有进行某个操作的权限时，需要至少考虑以下 3 个步骤。

（1）是否是项目成员：当李雷雷登录控制台时，首先判断他是否是某个项目（游戏）的成员（自己注册过项目，或者被其他同事添加到了某个项目下）。如果是某个项目的成员，则可以选择某个项目的入口进入其对应的管理页面（还需要经过另外两个步骤的判断），否则，看不到任何和项目相关的信息，则无从操作。

（2）是否购买了产品：在一个项目下可能会使用多个产品，具体取决于该项目的管理员为该项目购买和开通了哪几项服务，只有开通了服务，并在有效期内的产品才可以进入操作。例如，李雷雷所要访问的项目，已经购买了游戏语音产品、游戏存储产品各1年，没有购买游戏测试产品，那么他只有操作前两个产品下的功能的可能性，而不可能有操作第三个产品的可能性。

（3）自己所属的角色是否有权限：经过前两个步骤的判断后，需要进一步判断李雷雷在该项目下有哪几个角色，每个角色分别有什么权限，然后把权限取并集，看李雷雷是否有想要操作的项目的权限，如果有，则放行，如果无，则提示没有权限。

整个游戏开发者服务平台的权限判断示意图，如图4-20所示。

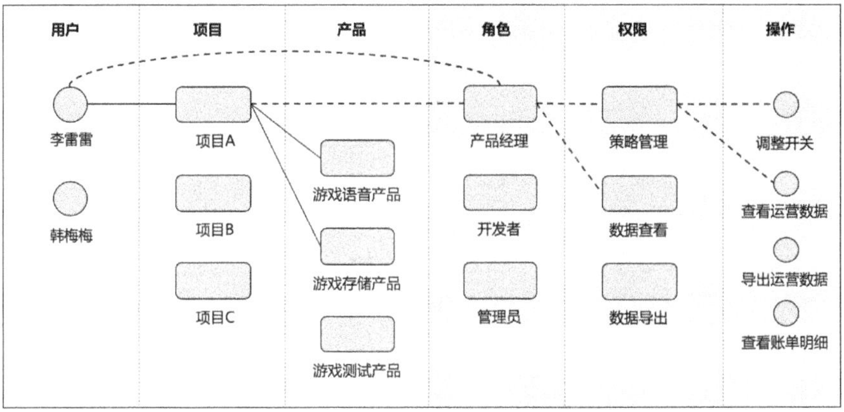

图4-20 游戏开发者服务平台的权限判断示意图

图4-20的左侧部分，不属于RBAC，而且有明确的处理逻辑，可以由开发人员直接编码处理。右侧阴影部分，属于RBAC，而且会有默认配置及增减角

色、增减角色的权限等动态配置，需要产品经理给出详细的权限系统说明。

如图 4-21 所示，给出了游戏服务平台权限中心默认角色与权限说明。

游戏服务平台权限中心 默认角色与权限说明						
产品分类	权限页面	角色与权限关系				
		管理员（默认）	角色A（默认）	角色B（默认）	角色C（默认）	···
公共模块	权限管理	√	√			
	我的账单	√	√			
	···	√	√			
游戏测试产品	页面11	√		√	√	
	页面12	√		√	√	
	页面13	√		√	√	
	···	√		√	√	
游戏存储产品	页面21	√		√	√	
	页面22	√		√	√	
	页面23	√		√	√	
	页面24	√		√	√	
	···	√		√	√	
游戏语音产品	页面31	√			√	
	页面32	√			√	
	页面33	√			√	
	···	√			√	
···	···	√				
备注： （1）灰色背景角色权限不允许用户更改； （2）各个默认的角色不允许删除； （3）其他未列举页面与"游戏"和"角色"无关，所有用户均有权限，故不一一列举。						

图 4-21　游戏服务平台权限中心默认角色与权限说明

需要说明的是，角色与权限关系表并不能穷举所有的角色，而只是用来表述默认存在的角色。在默认角色的基础上，用户可以修改该默认角色的权限（默认不能修改的权限需要提前标明）。用户也可以新增角色，为新增角色命名，为新增角色赋予权限。

图 4-21 中仅给出了对于页面的权限示例，在实际的权限设计中，需要至少包含对以下内容的权限管理。

（1）页面权限：是否有访问某个页面的权限。

（2）操作权限：在具体的页面内，是否有对其中某个模块/按钮/信息进行操作的权限。这些操作类型又可以细分为查看、编辑、删除、新增等。

（3）数据权限：对数据范围或数据字段进行访问的权限。例如，某个角色只能访问深圳市的数据而不能访问上海市的数据。再例如，某个角色只能访问项目 A 的运行数据的第 1 个～第 5 个字段，而不能访问第 6 个～第 8 个敏感字段。

其中，页面权限和操作权限可以统一归类为功能权限。

另外，需要特别说明的是，权限系统是保障系统安全的有效手段，除 To B 产品经理需要对权限系统进行精细化设计之外，还需要技术人员在开发过程中妥当处理。例如，针对一个功能，某用户只有项目 A 的操作权限，而没有项目 B 的操作权限，这时候技术人员可以采取屏蔽项目 B 的方式以限制该用户的操作。与此同时，还要防备用户自己组装 URL 直接在浏览器中输入 URL 进行操作。所以针对这种情况技术人员需要在底层进行权限限制。

4.5 安全性思考

因为有利可图，黑产与恶意攻击者，无时不有，无处不在。对抗黑产是一场持续的、此起彼伏的、无硝烟的战争。

To B 产品和商业密切关联，安全与否影响会非常大。优秀的 To B 产品经理需要了解安全相关的知识，并在产品策划过程中有所应用。

本节从两个维度进行梳理，一是介绍一些需要了解的基础安全知识，二是介绍常见的一些安全应用场景。

4.5.1 基础安全知识

1. 加密和解密

加密和解密是安全领域最基础的术语。

通俗地讲，发送方将可能被泄露的原始信息通过加密算法进行处理，形成另一种不可读的信息，然后传输给接收方。接收方接收到信息后，采用解密算法进行解密，得到原始信息。上述过程就是加密和解密。

如图 4-22 所示，在采用加密手段前，李雷雷要给韩梅梅发信息："你英语学好了吗？"韩梅梅给李雷雷回信息："没有。"这两条消息在传输过程中很容易被截获，通信内容就被泄露了。当采用加密手段后，李雷雷和韩梅梅所发的信息分别被加密过，在传输过程中即使被截获也不会泄露原始信息。韩梅梅和李雷雷在接收到信息后分别进行解密，就可以了解对方要表达的意思了。

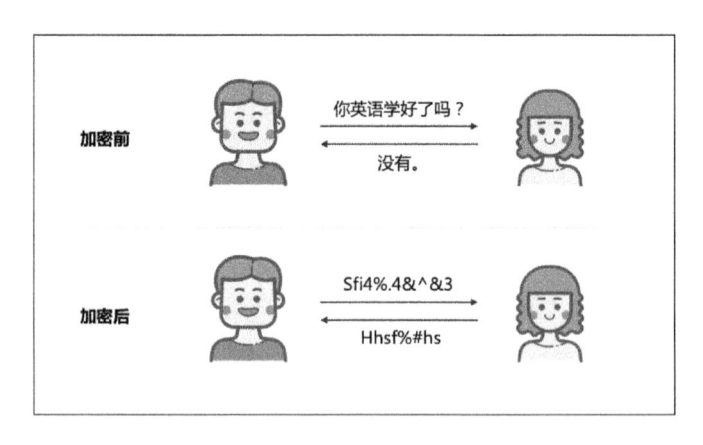

图 4-22　加密前后示意图

在密码学中，加密前的信息被称为明文，加密后的信息被称为密文。明文到密文的过程就是加密，密文还原成明文的过程就是解密。加密和解密是相对应的。

一般而言，加密是为了解决信息泄露的问题，其应用非常广泛，大到二战时期的战争通信，小到日常发送的 QQ 消息，都是经过加密处理的。

加密算法可以分为三类：对称加密、非对称加密、Hash 算法。其中，前两者都有加密和解密的过程，但 Hash 算法属于单向的计算过程，没有解密过程，属于一种特殊的加密算法。

以下分别对这三类加密类型进行介绍。

2. 对称加密

对称加密是最容易理解的。如图 4-23 所示,李雷雷和韩梅梅提前约定一个密钥 Key,李雷雷发信息前把明文通过密钥 Key 加密成密文,韩梅梅收到信息后用同样的 Key 把密文解密成明文,然后阅读。

你会发现,整个过程是完全对称的。

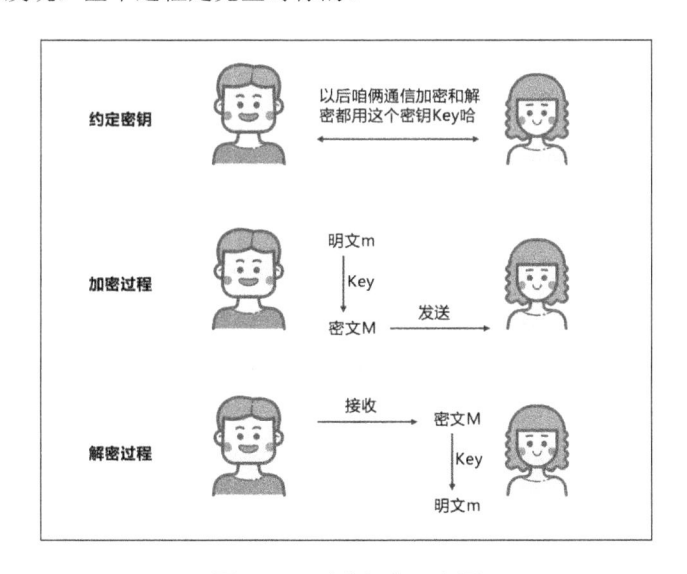

图 4-23 对称加密示意图

常见的对称加密算法包括 DES、3DES、Blowfish、AES,等等。

对称加密算法的加密和解密过程需要消耗的算力小,速度快,所以应用非常广泛。

对称加密的缺点也存在。比如,李雷雷和韩梅梅想要提前约定一个密钥 Key,就会发现一个问题:这个 Key 在传输过程中怎么保证其安全?很难。一旦这个 Key 泄露了,就毫无安全性可言了。另外,对称加密要求任意两个人之间都要约定一个不同的 Key,如果李雷雷的班级里有 10000 个学生,那么他们之间想要互相安全地通信,就需要大约 0.5 亿个不同的密钥 Key,生成这么多密钥是非常复杂的。

所以，对称加密在密钥的分发和保存上都有其缺陷。人们找到了一种更完善的加密方法，那就是非对称加密。

3．非对称加密

非对称加密也被称为公钥加密，是一种可以认为很完美的加密方式，可以解决很多安全问题。

非对称加密的密钥是这样的：它不再和对称加密一样只有一个密钥，而是有两个密钥，这两个密钥是一对，成对存在，分别被称为私钥和公钥。每个人都有自己的一对私钥和公钥。

非对称加密的过程是这样的：私钥是需要自己保存好的，公钥是可以公开给任何人的。如图 4-24 所示，李雷雷维护了自己的一对密钥，分别是私钥 Key（Private）和公钥 Key（Public）。李雷雷提前把自己的私钥保存好，但把自己的公钥公开给班里的所有人。当李雷雷想给韩梅梅发消息时，他就用自己的私钥 Key（Private）对消息进行加密，然后发出，韩梅梅收到之后，就用李雷雷之前给的公钥 Key（Public）进行解密，得到明文。相反，当韩梅梅想给李雷雷发消息的时候，就用韩梅梅自己的私钥加密消息，李雷雷收到后用韩梅梅的公钥解密消息。

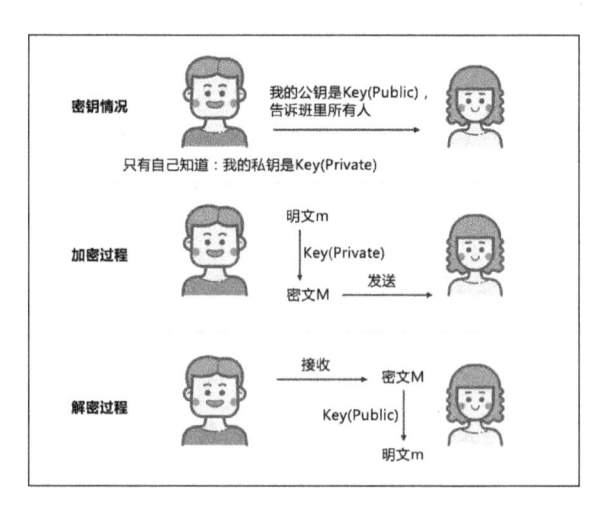

图 4-24　非对称加密示意图

非对称加密解决了数字签名的问题，即只有李雷雷才拥有自己的密钥 Key（Private），所以只有李雷雷才有可能用密钥 Key（Private）对信息进行加密。所以，当韩梅梅收到一条信息并用李雷雷的公钥 Key（Public）解密并验证通过后，就确定了这条信息一定是李雷雷发出来的。因为，其他人都没有李雷雷的私钥，是伪造不出来这种信息的。这是非对称加密的重要价值。

同时，你还会发现，公钥和私钥只需要每个人维护一对，李雷雷班里 10000 个学生也仅需要维护 10000 对密钥。此外，也不需要担心单一的 Key 没法约定、容易泄露的问题。所以，非对称加密解决了对称加密的两个缺陷。

非对称加密在整个安全领域都得到了极为广泛的应用，包括通信加密、数字签名、身份认证、密钥管理，等等。

非对称加密为什么是安全的呢？因为它是基于数学历史上一直未被破解的难题而建立的，比如：大整数因数分解问题、离散对数问题，等等。正是这些数学难题奠定了非对称加密算法的基石，有兴趣的读者可以自行了解。

常见的非对称加密算法包括 RSA、ECC、DH，等等。其中，大名鼎鼎的 RSA 算法是在 1977 年由罗纳德·李维斯特（Ron Rivest）、阿迪·萨莫尔（Adi Shamir）和伦纳德·阿德曼（Leonard Adleman）一起提出的，他们还一起创建了公司。RSA 算法的名称就是三人的姓氏首字母组成的。图 4-25 即为 RSA 算法的提出者。

图 4-25 RSA 算法的提出者

4．Hash算法

Hash 算法是一种单向加密类型。

我们可以通过 Hash 算法对目标文件生成一段特定长度的、唯一的 Hash 值，却不能通过这个 Hash 值重新反向生成目标文件，这就是单向的含义。

Hash 算法只是一类加密类型的称呼，具体加密时候需要使用具体的 Hash 算法。常见的 Hash 算法又分为两类：MD、SHA。其中，MD 指的是 Message-Digest Algorithm，消息摘要算法。SHA 指的是 Secure Hash Algorithm，安全哈希算法。其中，MD 中常见的算法是 MD5，SHA 中常见的算法包括 SHA1、SHA256、SHA384，等等。

以最为常见的 MD5 算法为例，MD5 算法生成的 Hash 值为 128 位。我们可以把文件 A 作为输入，通过 MD5 算法，生成一段 128 位的串，正好对应 16 进制的 32 位，所以会得到类似于 0X0fdc526f2d0530bf063dcc72cf6d6ec1 的一个 32 位的 16 进制的串。虽然 MD5 算法已被证明安全度不高，但依然是非常常用的一种 Hash 算法。你在工作中见到类似于上述的串时，基本就是 MD5 生成的。

Hash 有两个核心特性。

第一，单向性。这个特性有重要的应用意义，例如，网站在存储我们的登录密码的时候，为了避免密码泄露，网站一般都只存储我们密码的 Hash 值。这样一来，即使是密码库泄露，攻击者也无法通过 Hash 值还原得到我们原始的密码明文，保障了密码的安全性。

第二，不可碰撞性。一般认为，很难找到两个不同的原始文件，它们可以计算得到相同的 Hash 值。而且只要原始文件发生一丁点的变化，计算出的 Hash 值也会有极大变化（雪崩效应）。这一特性就可以用来做文件校验。

5．CRC

CRC 是 Cyclic Redundancy Check 的缩写，翻译为：循环冗余校验。它是用来防止信息在网络传输过程中因为网络不稳定而导致信息出错的，每条原始信息都生成一个 CRC，在信息收到之后，将收到的信息也计算一个 CRC，如果 CRC 能对上，就说明信息没有出错。

CRC 的优势在于计算速度特别快。

常见的 CRC 算法为 CRC32，它共有 32 个比特（bit），用 16 进制数来表示的话正好是 8 位的，所以 CRC 值通常都是类似于 0X28CBA3D1 的样子（0X 代表 16 进制，28CBA3D1 正好是 8 位）。

严格来说 CRC 并不算是安全算法或加密算法。只不过，许多时候 CRC 也有安全用途。

例如，对于一批文件的校验（比如 100 个），校验这 100 个文件有没有被篡改，我们就提前为这 100 个文件分别计算 100 个 CRC，文件收到之后就分别计算 100 个 CRC 与原始的 CRC 做对比，用来校验。

CRC 和 Hash 都会被用来做文件校验，在对安全性要求不高、计算效率要求高的时候常用 CRC，反之常用 Hash。

上面对于加密的讲解告一段落，这里再做一点特别说明，以免混淆：上面提到的对称加密、非对称加密、Hash、CRC 都只是加密类型，属于方法和思路，并不是具体的、可以直接应用的算法。DES、RSA、MD5、CRC32 等算法才是它们分别对应的、可以直接使用的算法。

6. 数字签名

试想一个场景：你从网上下载了一个软件"百度网盘"（.exe 格式），你怎么知道是不是百度出品的呢（源头的安全，属于"真实性"问题）？这个软件会不会被篡改了，里面嵌入了病毒，对你的电脑产生危害（文件内容的安全，属于"完整性"问题）？

数字签名就是用来解决"真实性"和"完整性"问题的。

举个例子，如图 4-26 所示，李雷雷开了个一家公司，在网络上发布了一款软件。

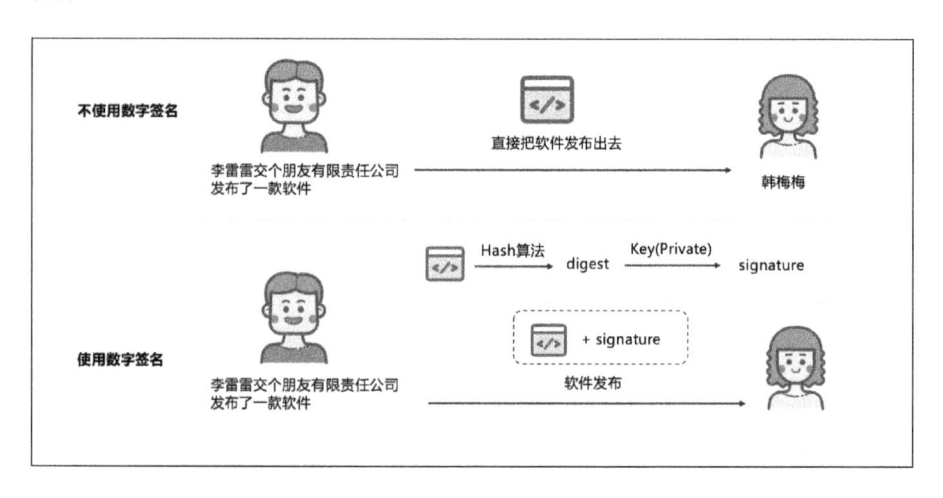

图 4-26　数字签名过程示意图

如果不采用数字签名技术，软件被韩梅梅下载了，韩梅梅会担心这个软件不是李雷雷发布的，而且无法验证。这个软件的内容有没有被篡改也无法验证。所以，韩梅梅就可能会陷入危险。

如果采用数字签名技术，流程是这样的：首先通过 Hash 算法，为软件生成一个摘要信息 digest，然后用自己的私钥 Key（Private）对 digest 进行加密，生成一个签名信息 signature。这就完成了签名过程，然后将软件和签名信息 signature 合在一起，一起发布出去。

在上述过程中，你或许会疑问为什么 Hash 计算要在私钥加密之前呢？其中一个原因是，非对称加密是非常消耗资源的，速度很慢，如果要对一个上 100MB 的大文件进行加密，会很困难。所以对一个 Hash 值加密就会速度非常快。

我们再来看看，韩梅梅下载这个软件后的处理过程（实际上是韩梅梅的电脑的处理过程）。韩梅梅先对原软件做 Hash 处理，得到一个摘要 digest1，再使用李雷雷的公钥，对软件包里的 signature 签名做解密处理，得到另一个摘要信息 digest2，这时候对比两个 digest，如果相等，则校验通过。这就说明该软件确实是李雷雷公司发布的（因为公私钥匹配得上），且是没有经过篡改的（因为 Hash 值对得上）。数字签名校验过程示意图如图 4-27 所示。

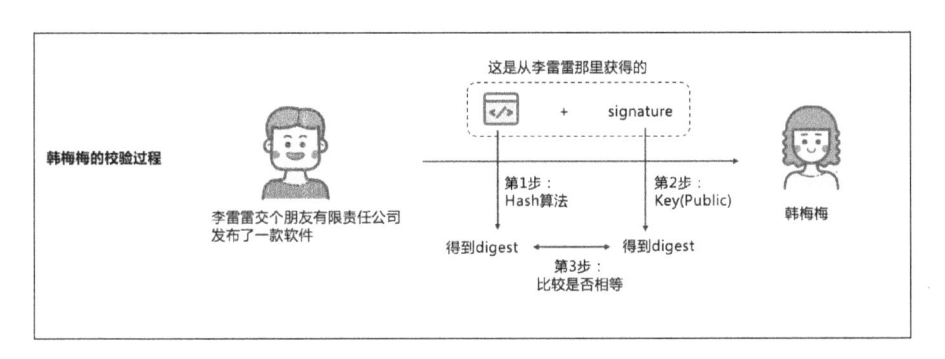

图 4-27　数字签名校验过程示意图

在上述案例过程中，说明了数字签名的重要价值。数字签名已经成为软件集互联网领域中的重要一环。

最后，再回顾一下数字签名的应用过程，你会发现，数字签名本质上是对 Hash 算法和非对称加密算法的综合使用。

7. 身份认证

在安全领域，身份认证与数字签名有着同等的重要性。

身份认证也称为"鉴权"，是对于对方身份的验证。身份验证的方法有很多，包括：基于共享密钥的身份认证、基于生物学特征的身份认证和基于公开密钥加密算法的身份认证。

例如：你登录网站需要密码，密码和库里存储的密码对得上，就代表你的身份认证通过。这就是基于共享密钥的身份认证。

再比如：iPhone 或三星手机提供的人脸识别或基于人眼虹膜技术的识别，如果验证通过，就表示身份认证通过。这就是基于生物学特征的身份认证。

8. HTTPS

HTTPS 是对 HTTP 的安全升级。以前网址一般是 http://www.***.com，后

来已经更新为更安全的 https://www.***.com。目前几乎所有的网站都已经开始使用更安全的 HTTPS 协议。

HTTPS 协议除了对通信过程中的信息做加密，也解决了另一个重要的安全问题：在使用 HTTPS 协议之前，在网站登录过程中，需要输入密码，这属于服务器对客户端的一种认证。那么客户端要不要对服务器做认证呢？服务器会不会是假的？当你访问支付宝，当你登录 12306 购票网站时候，它们的身份有没有问题？HTTPS 协议通过证书颁发与认证机制提供了客户端对服务器的认证方案。具体机制并不复杂，感兴趣的读者可以自行搜索查阅。

9. 常见网络攻击类型

网络攻击类型有很多，比如：重放攻击、中间人攻击、DDoS（Distributed Denial of Service，分布式拒绝服务攻击）、APT（Advanced Persistent Threat，高级持续性威胁），等等。这里不再详述，读者可以自行查阅了解。

4.5.2 常见安全场景举例

基于对安全技术的理解，产品经理可以在具体的产品场景中对安全知识加以熟悉和应用。

To B 服务平台是典型的 Web 系统，Web 系统有其自身的安全风险需要规避。同时，Web 平台上提供的软件工具下载、软件工具使用前的认证，都会涉及安全知识的应用。这里举几个例子，仅供参考。

1. 为软件签名

一般正规发布的软件都会进行签名。签名也都会有对应的工具和流程，开发者需要维护好自己的签名证书和各类密钥信息，在软件发布之前，对软件做签名处理，然后再发布。

无论是 PC 上的软件，还是 iOS 系统、Android 系统上的 APP 都需要进行软件签名。甚至，在移动操作系统上，没有经过签名的软件是无法被安装的。

产品经理还需要对签名证书有所了解。例如，Android 上常见的签名证书格式是.keystore。这些文件格式之所以是这样，是因为它们用了对应的认证方式。如果采用其他的认证方式，对应的证书格式也会变化。

这个证书需要严密保存，就像自己的身份证一样，它代表了自己公司的身份，要避免泄露。

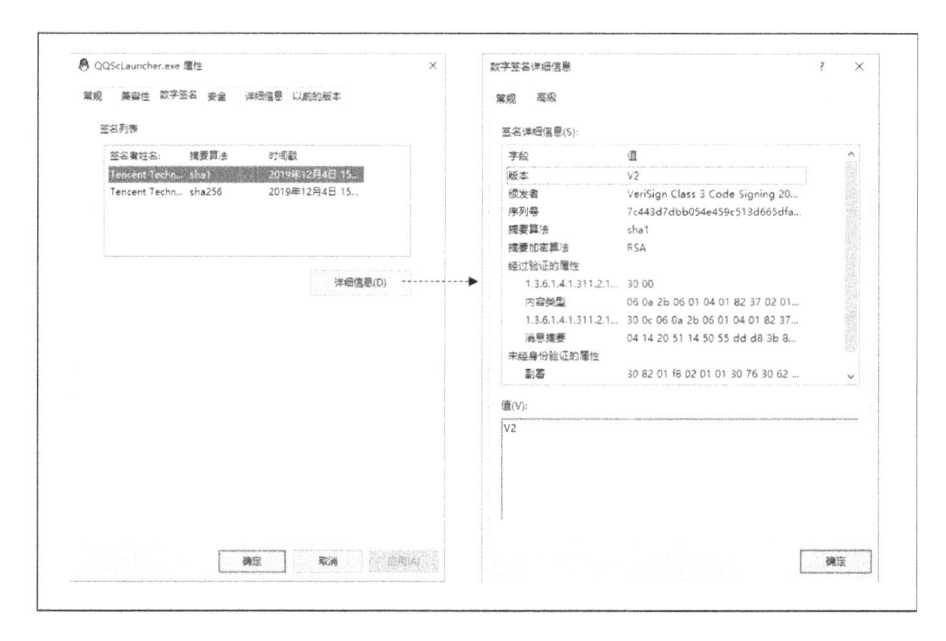

如图 4-28 所示，我们可以通过鼠标右键查看 QQ 软件的签名信息。

图 4-28　QQ 软件的签名信息

2．为客户颁发证书

如果我们需要客户通过使用我们提供的客户端工具来为他们提供服务，这时候就需要验证客户的身份。除了可以让用户采用密码登录的方式，常见的方式是为客户颁发一个证书。

比如，我们可以为每个客户，生出一对密钥。把私钥证书颁发给客户。我们维护公钥证书。客户在使用工具的时候，首先就需要调用私钥证书，在得到我们服务器认证通过之后，我们才会提供服务。

这里的证书有时候会是.cert 格式的。通常我们所听到的为客户"颁发 license"，一般就是这里所说的颁发证书。

3．对软件进行加固

无论是 Windows 系统上的.exe，还是 iOS 系统上的.ipa 和 Android 系统上的.apk，软件在发布之后，都会被快速地破解。

其原因就在于人们可以通过 IDA 等工具将这些软件的二进制代码快速还原成汇编代码，具备反编译能力和汇编代码阅读能力的技术人员，可以像阅读源码一样阅读和理解原始代码的运作原理，对其进行分析破解，或者做针对性的篡改。

这个问题的核心解决方法就是加固技术。加固是在编译过程或软件发布之前，对原始软件的一种加密保护。通过对软件进行加密，提高被反编译分析的技术难度，从而保护软件安全性。比如，通过加密，让 IDA 无法解析代码，或者通过指令插花技术，让原始的代码逻辑分支变得极其复杂的同时又不改变原始代码实际执行的逻辑，这样就让逆向分析的难度变得极大。

Windows、iOS、Android 系统上的软件，在发布之前都有必要进行加固。

4．Web平台安全性

To B 服务平台作为典型的、涉及众多关键业务的、风险系数高的 Web 平台，会经受较多的 Web 安全风险。To B 产品经理不需要详细了解问题的解决思路，但需要知道这些安全风险，并以产品负责人的身份带动技术人员为平台安全把好关、做好修复。

这里做一些 Web 平台安全风险类型的举例。

（1）SQL 注入

SQL（Structured Query Language，结构化查询语言）注入是非常典型的、常见的 Web 安全问题。在文本输入位置，由于程序对用户输入的检查不严格，用户可以提交一段数据库操作代码达到破坏数据库的目的，这就是所谓的 SQL 注入。

典型的 SQL 注入问题是在用户名和密码输入之后的校验过程中，利用漏洞对数据库进行毁坏。

（2）CSS（XSS）攻击

CSS（Cross-Site Scripting，跨站脚本工具）攻击指的是恶意攻击者往 Web 页面里面插入恶意 HTML 代码，当用户浏览该页时，嵌入其中的 HTML 代码会被执行，从而达到攻击者的特殊目的。由于 CSS 攻击容易和层叠样式表（Cascading Style Sheets）的缩写相混淆。因此，人们习惯将 CSS 攻击缩写为 XSS 攻击。

（3）CSRF 攻击

CSRF（Cross-Site Request Forger，跨站点请求伪造）攻击是指攻击者盗用用户信息，在网站之外伪造请求，冒充用户在站内的正常操作，从而达到恶意目的。

第 5 章

To B 非平台产品的策划

> 效不识，虽无功，犹不败；效李广，鲜不覆亡。
>
> ——司马光

5.1　SDK产品策划

1. 什么是SDK

SDK（Software Development Kit，软件开发工具包）一般是程序员用于为特定的软件包、软件框架、硬件平台、操作系统等创建应用软件的开发工具的集合。

我们简化描述如下：SDK 是程序员创建软件的开发工具的集合。

在 SDK 概念中，包含三个核心要素：程序员、创建软件、集合（如图 5-1

所示）。我们逐一来看。

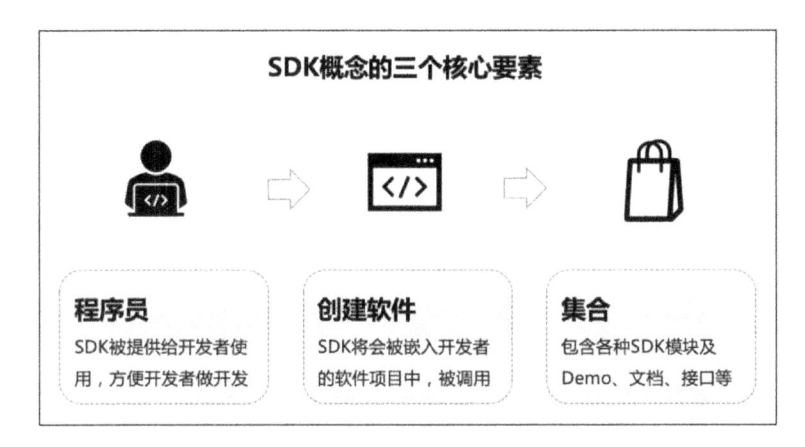

图 5-1　SDK 概念的三个核心要素

（1）程序员

SDK 是由程序员开发出来的，也是要提供给程序员使用的。可谓"从开发者中来，到开发者中去"。

（2）创建软件

SDK 是用来帮助程序员创建软件和编程的。

（3）集合

SDK 是一个开发工具的集合。这里特别强调它是一个集合，是因为它可能包含多种不同类型的程序模块，还包含这些程序模块对应的使用接口、说明文档、使用 Demo[①]等内容。

2．什么是SDK产品

当我们做 To B 产品时，如果目标是帮助开发者用户提高开发效率，提供他

[①] Demonstration 的缩写，在提供 SDK 产品时，会提供一个简单的项目工程文件，里面用最精简的代码构建一个项目，在代码中展示了具体的 SDK 使用方法，这样的工程文件就被称作 Demo。

们所不具备的能力。这时候可能需要通过 SDK 产品的形式提供给他们。

案例：在 Android 应用中的 QQ 登录组件

腾讯基于自己的 QQ 账号体系，为外部公司提供 QQ 登录、分享给 QQ 好友、分享到 QQ 空间等能力，帮助外部公司更方便地管理用户的登录及信息的传播。这个过程就是通过为外部公司提供 SDK 产品来实现的。

这个产品被称为"QQ 互联移动终端 SDK"，如图 5-2 所示。

图 5-2　QQ 互联移动终端 SDK

借助这个 SDK 产品，开发者可以将原来复杂的用户注册、登录流程，缩减为一个简单的"QQ 登录按钮"，让自己的产品信息可以快速在用户之间分享。这不仅可以大幅提升开发效率，更为重要的是也获得了公司不具备的社交传播能力。因此这项产品受到了大量开发者的欢迎。

某移动端产品接入该 SDK 组件后的效果如图 5-3（a）所示。此外，我们在体验产品时常见的"微信登录"按钮如图 5-3（b）所示，也是使用了微信提供的类似 SDK 产品。

图 5-3　QQ 登录和微信登录的实际案例

上面的产品并非个例，SDK 类产品广泛存在。目前许多 To B 产品都在以 SDK 产品的形式为移动互联网公司提供服务，为他们提供额外的能力。

如图 5-4 所示，一套完整的 SDK 产品至少包含 5 个部分：SDK 模块、API 接口、接入文档、演示 Demo、管理端。

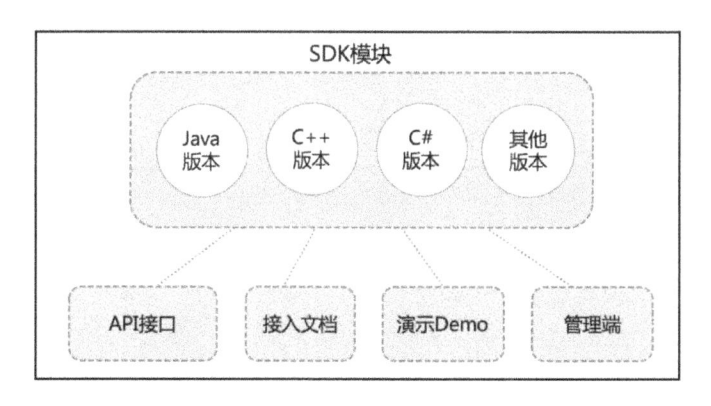

图 5-4　SDK 产品包含的 5 个部分

第 5 章　To B 非平台产品的策划　| 101

（1）SDK 模块

SDK 模块是 SDK 产品最核心的部分。

开发者的项目可能是用 C/C++语言编写的，可能是用 Java 语言编写的，也可能是用 C#语言编写的，等等。所以 SDK 产品需要针对不同的开发语言提供不同的版本。

例如，在 Android 产品开发中，对于以 C/C++语言为核心的 Native 层开发，我们可以提供.so 格式的动态链接库文件；对于以 Java 语言为核心的 Jave 层开发，我们可以提供.jar 类型的库文件；对于以 C#语言为核心的基于 Unity 进行的移动游戏开发，我们可以提供.cs 格式的功能模块。

此外，针对 iOS 版本的应用，也同样需要对应版本的 SDK 组件。针对网站开发，如果需要提供组件，也要提供对应版本的 SDK 组件。

（2）API 接口

有了 SDK 模块，程序员需要调用这些 SDK 模块以使用其中的功能。怎么调用呢？就需要用到我们提供的 API 接口。API 接口是一些函数，开发者将我们提供的 SDK 接入自己的工程中，再对这些接口进行调用，就可以使用 SDK 中的功能了。

（3）接入文档

SDK 模块怎么加载？API 接口怎么调用？这其中需要注意什么？这些都需要通过文档的形式向开发者阐明（如图 5-5 所示）。

（4）演示 Demo

即使有了上面的功能模块、API 接口和文档，开发者使用 SDK 产品时依然感觉很抽象，没有具象的感知，所以这时候最好能提供一个工程 Demo。在这个 Demo 中有详细的示例代码来说明怎么在工程中使用 SDK，让开发者能够一目了然，快速编码。

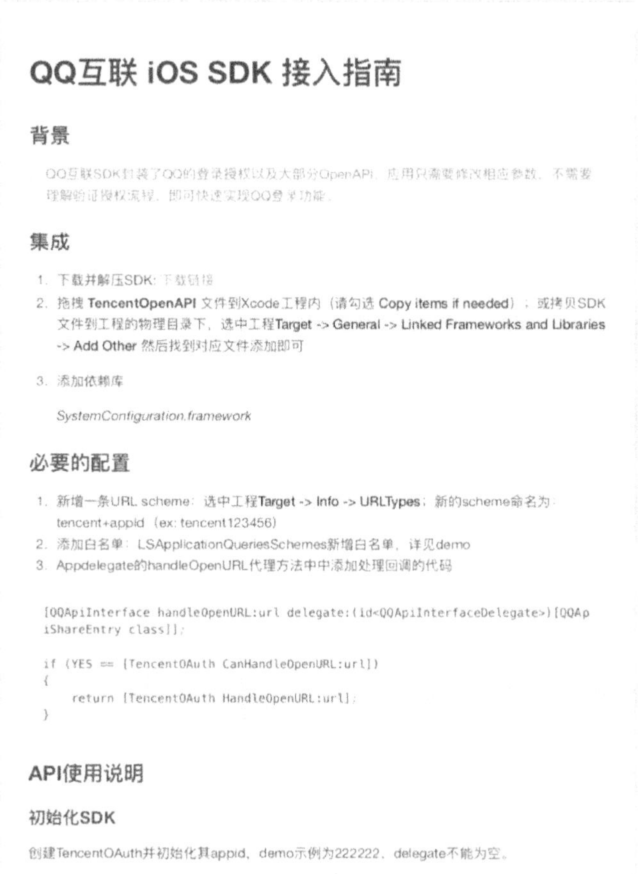

QQ互联 iOS SDK 接入指南

背景

QQ互联SDK封装了QQ的登录授权以及大部分OpenAPI，应用只需要修改相应参数，不需要理解验证授权流程，即可快速实现QQ登录功能。

集成

1. 下载并解压SDK：下载链接
2. 拖拽 TencentOpenAPI 文件到Xcode工程内（请勾选 Copy items if needed）；或拷贝SDK文件到工程的物理目录下，选中工程Target -> General -> Linked Frameworks and Libraries -> Add Other 然后找到对应文件添加即可
3. 添加依赖库

SystemConfiguration.framework

必要的配置

1. 新增一条URL scheme：选中工程Target -> Info -> URLTypes；新的scheme命名为：tencent+appid（ex: tencent123456）
2. 添加白名单：LSApplicationQueriesSchemes新增白名单，详见demo
3. Appdelegate的handleOpenURL代理方法中中添加处理回调的代码

```
[QQApiInterface handleOpenURL:url delegate:(id<QQApiInterfaceDelegate>)[QQApiShareEntry class]];

if (YES == [TencentOAuth CanHandleOpenURL:url])
{
    return [TencentOAuth HandleOpenURL:url];
}
```

API使用说明

初始化SDK

创建TencentOAuth并初始化其appid，demo示例为222222，delegate不能为空。

图 5-5　某 SDK 产品的接入文档示例

（5）管理端

一般为了管理好使用了我们 SDK 组件的客户，做好业务区分，需要客户注册项目并为客户的项目分配 ID；为了做好鉴权，还需要分配对应的 Key。同时，客户在使用过程中还需要能够查看自己的业务使用量，甚至是配合管理端一起管理 SDK 提供的功能。

因此，和 SDK 配套的管理端也同样是必不可少的。某 SDK 产品的配套管理页面，如图 5-6 所示。

图 5-6 SDK 产品的配套管理页面

3. SDK产品的意义

SDK 产品的存在意义是什么？答案是提高效率。

SDK 将常用的功能封装后，以组件的形式存在，让其他项目开发者，只需要简单集成 SDK，调用几个接口，就可以使用 SDK 中已封装的功能，不再需要重复造轮子，可以大大提高开发效率。

案例：SDK 在移动游戏开发中的意义

传统端游的开发过程往往会耗费几年的时间。

在移动游戏时代，许多移动游戏能够在几个月内完成快速开发并上线，一个重要原因就是能够直接调用各类 SDK 组件，例如：支付组件、语音组件、安全组件、数据通信组件等。

这些游戏相关模块的能力都由 SDK 来提供，游戏开发者只需要将核心精力放在游戏玩法的开发上。这样一来，可以显著提高游戏的开发效率，大大缩短游戏的研发周期。

需要说明的是，许多时候并非所有的服务和能力都是由 SDK 直接在本地提供的，而是把 SDK 作为与服务端通信的媒介，源源不断地在服务端为本地提供服务支持。

4. SDK产品策划注意事项

要想为客户提供一款良好的 SDK 产品，首先需要知道客户需要怎样的 SDK 产品。

客户对于 SDK 产品的期望一般如下。

能够以最短的时间完成 SDK 接入，能够以最简单的方法完成 SDK 验证，成功用上 SDK 提供的功能。与此同时，在 SDK 运行过程中，还要有足够高的稳定性、兼容性，对自己产品的性能影响要足够小。

虽然，SDK 的开发工作是由技术人员完成的，但他们更关注的是功能的实现。产品经理负责最终将 SDK 这个产品形态，进行产品化包装，然后作为产品提供给外部企业使用。

所以，产品经理对外部厂商在使用 SDK 产品时的场景应该有最敏锐的关注，然后把这些关注点转化为产品上的需求，将这些用户体验层面的要求融入技术人员的 SDK 开发过程。

To B 产品经理在策划 SDK 产品时，需要注意以下内容。

（1）接口越少越好

在客户的产品研发过程中，SDK 的调用只是其中的一个小环节，他们的开发者对 SDK 产品的诉求是用最短的时间完成接入，能够稳定地使用 SDK 提供的功能。

那么，怎样才能保证 SDK 的接入最简单呢？方法是接口越少越好。最好只需调用 1~2 个简单接口就可以完成接入。SDK 接入的耗时最好不超过半天。

（2）要有简单的 Demo

为 SDK 提供一份简单的 Demo，已经成为 SDK 产品的必需品。对于开发者而言，在调用 SDK 时，参照提供的可运行的 Demo 工程接入 SDK，会事半功倍，接入成功率大大提高，在接入过程中出现错误也方便对比排查。

（3）要有清晰的文档

一份好的 SDK 产品，其简明的接入文档是必不可少的。文档的描述需要清晰有条理，描述清楚开发者在接入 SDK 过程中可能遇到的问题。

在格式方面，最好使用 Markdown 格式，这种结构化的文档形式，在移植到官网平台上展现时，可以采用更标准的统一格式，也方便采用结构化的展现形式。

（4）SDK 的体积越小越好

开发者许多时候会集成 5 个甚至 10 个以上的 SDK，所以如果每个 SDK 的体积都比较大，最终会对自己的项目体积或者 APP 包的体积影响过大。

尤其对于一些移动游戏，如果包体过大，对于它们的推广难度会显著增大。包体大小往往是一类用户在选择 To B SDK 产品时的重要衡量标准。

因此，这就要求在开发 SDK 时一定要关注体积大小，精简代码与功能，以最简单的形态提供核心的功能。

（5）全面适配各种场景

SDK 作为工程项目的组件，就需要适配各种各样的工程项目场景。

以移动开发项目为例，至少需要提供 Android、iOS 两种类型的 SDK 版本。

以移动游戏开发为例,需要适配各种各样的游戏引擎,比如 SDK 需要支持 Cocos 引擎、Unity 引擎、虚幻引擎,等等。

(6) 足够的稳定性和兼容性

SDK 作为第三方组件,对于客户来说是不可控的。他们不清楚 SDK 内部的逻辑,也不可改变 SDK 的运行逻辑。一旦把 SDK 接入自己的项目,就相当于为自己的产品安插了完全不可控的黑盒。

一旦这个 SDK 出现 crash 情况,就像点燃了一枚"定时炸弹",将会危及自己产品的运行。所以用户对于 SDK 的稳定性和兼容性是非常在意的。

要想保证 SDK 的稳定性和兼容性,需要至少做到以下两点。

第一,在研发 SDK 时,从原理上多下功夫,在基础机制上保证 SDK 能够适配各种机型、能够适配各种场景。

第二,在对外推出之前,还需要进行全面的测试,在各种机型上、各种场景下对 SDK 进行全面的测试。

这里还有一个小建议,在客户使用 SDK 前,可以提醒开发者自己添加开关,控制 SDK 是否运行。如果出现问题,也方便及时通过后台开关关闭 SDK 的调用。

(7) 接入/验收要简单

在 SDK 接入完成后,开发者需要验证 SDK 接入是否成功。最基本的方法是提供给开发者一个教程,开发者自己查看本地日志,观察是否接入成功。

还有两个产品化程度更高的方法。

第一,本地接入,Web 实时数据验证。

在后台对 SDK 接入后的数据上报进行实时监测,把用户需要在本地查看校验的步骤放在服务端进行自动化检测，在 Web 端将检测结果实时呈现给开发者用户。开发者只需要在本地简单地运行接入了 SDK 的项目工程后，就可以在网页上实时查看是否接入成功，简单方便。这也深受开发者欢迎。

例如，腾讯数据大师产品在 SDK 接入后，会提供数据检测页面供开发者确认接入是否成功，如图 5-7 所示。

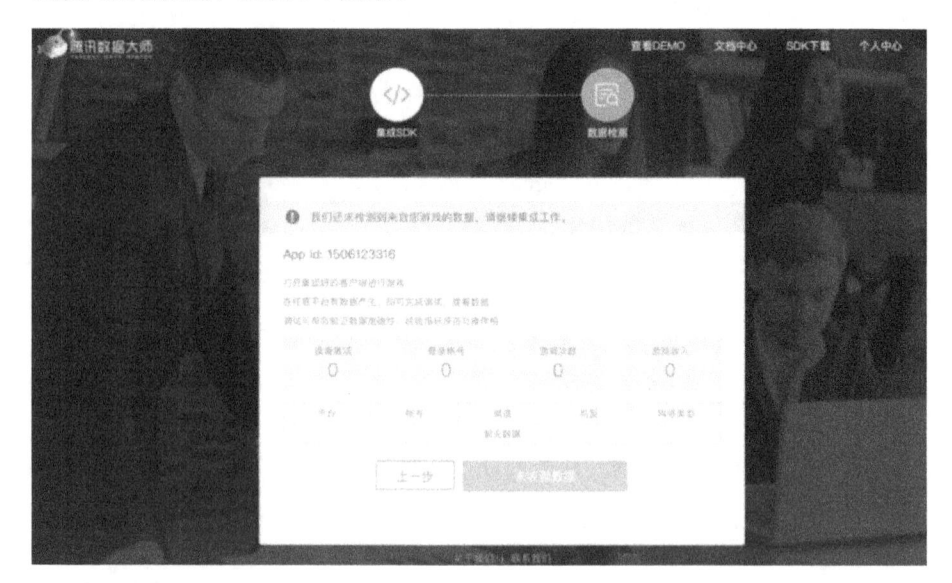

图 5-7　腾讯数据大师的 SDK 接入/验收模块

第二，Web 一体化安装 SDK。

有些 SDK 产品不再让开发者进行复杂的接入，直接要求开发者将 APP 上传，然后统一将 SDK 打入 APP 里面。

通过自动化的 SDK 打入方式，免去了人为接入可能存在的误操作等情况，SDK 的接入过程也被免除了。这种方法只要最终提示打入成功，就代表接入 SDK 成功，更简单。

例如，游戏安全产品 nProtect 提供了一键安装 SDK 的功能，如图 5-8 所示。

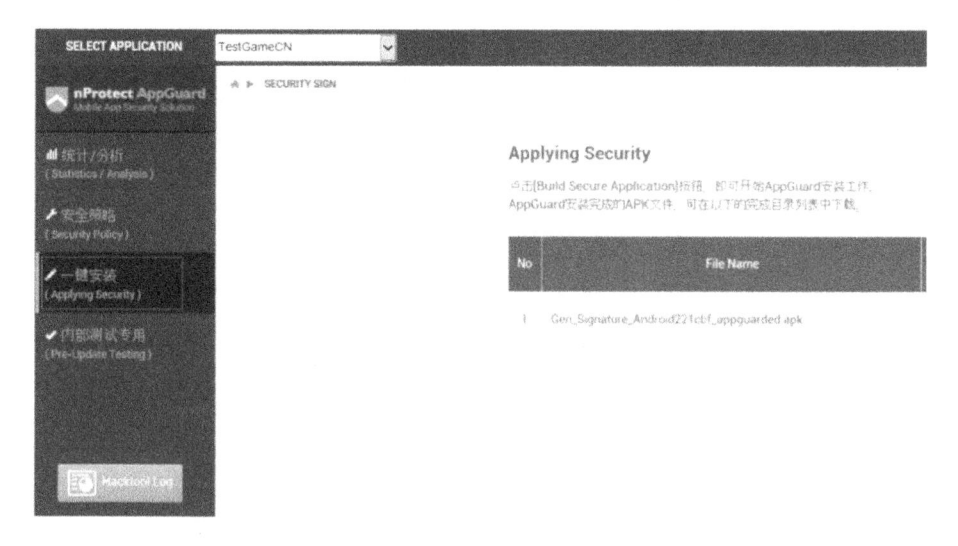

图 5-8 nProtect 产品的自动打入 SDK 功能

（8）保障数据安全

客户在把 SDK 接入自己的项目工程后，SDK 在其中像是一个黑盒子，所有客户公司都会担心 SDK 是否有后门，是否会在客户毫不知情的情况下获取各种敏感数据。

对于会获取用户数据的产品，法律要求产品对获取了用户哪些数据、数据如何使用、数据存储在何地、数据存储多久等信息都能够如实披露给用户，SDK 等获取用户数据的产品在这方面处理的恰当与否会严重影响到客户的选择，所以务必引起重视。

在法律监管层面，近年来我国工业和信息化部加大了 APP 超范围收集用户隐私数据的监管力度，知名 APP 被要求下架整改的新闻屡见不鲜。在海外，被称为史上最严的 GDPR（General Data Protection Regulation）法规也已于 2018 年全面施行。此外，To B 产品出海还有必要请普华永道等公司帮助对产品进行 SOC（System and Organization Controls）、ISO（International Organization for Standardization）、C5（Cloud Computing Compliance Controls Catalog）等认证或审计工作。

案例：GDPR 数据保护法案

新浪 2018 年 5 月 25 日报道：

"今天，由欧盟会议投票通过的《通用数据保护法案》（General Data Protection Regulation，简称 GDPR）将全面实施。该法案将取代现有的《数据保护指示》（Data Protection Directive95/46/EC），统一欧盟成员国关于数据保护的法律法规。"

GDPR 的全面实施，意味着欧盟对于个人信息的保护及监管达到了前所未有的高度，堪称史上最严格的数据保护法案。GDPR 除了严格保护用户数据之外，对企业的监管更加严格。GDPR 具有域外效应，不只是欧盟的企业会受到监管，全球其他地区的企业只要为欧盟地区的用户提供了服务也将会受到监管甚至处罚。在处罚力度上，对于严重的违法，欧盟将会对企业处以 2000 万欧元或上一个财政年度全球全年营业收入 4%的罚款（两者中取数额大者）。GDPR 数据保护法案发展历程如图 5-9 所示。

图 5-9 GDPR 数据保护法案发展历程

针对 SDK 的数据安全问题，在 SDK 产品设计过程中，需要至少做到如下三点。

第一，严格管理数据采集。在 SDK 在开发过程中需要做到：不需要的数据坚决不采集；因业务需要采集的数据务必进行严格加密处理，谨防数据泄露。

第二，在客户使用 SDK 前，需要提醒客户注意数据隐私问题。客户需要提醒自己的用户会采集哪些数据，并需要经过用户同意之后，才能使用 SDK 产品。

第三，必要时为客户提供 SDK 的详细数据使用情况，方便客户在制定用户数据隐私协议的时候做参考。

To B 类的 SDK 产品案例如图 5-10～图 5-13 所示。

图 5-10　友盟 SDK 产品

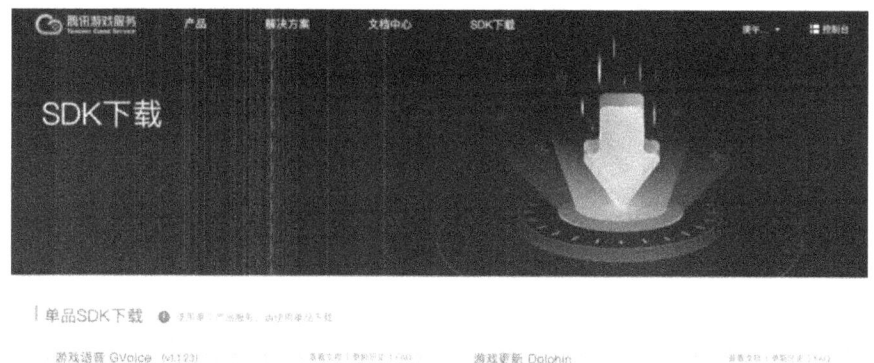

图 5-11　腾讯 GVoice SDK 产品

图 5-12　游密 SDK 产品

图 5-13　极验科技提供的 SDK 产品

5.2　命令行工具产品策划

1. 命令行工具是什么

在电脑上运行的应用程序可以分为两类。

一类是普通用户常用的带界面的程序，我们称之为 GUI（Graphical User

Interface，图形用户接口），是指采用图形方式显示的计算机操作用户界面。例如，Chrome 浏览器、Word 文字编辑工具、QQ 通信工具，等等。

另一类是开发者常用的命令行工具，不需要使用好看的图形交互界面，只需要在命令行窗口中执行简单的命令代码（例如 Windows 系统上的 CMD 程序），就可以实现强大的功能。在出现图形化的操作系统和应用程序之前，所有的电脑任务都需要用户输入命令行来实现。

无论是 Windows 系统，还是 Linux 系统和 macOS 系统，都提供了用于输入、执行命令行指令的程序。如图 5-14 所示，是 macOS 系统上提供的终端程序，可以在里面输入指令，实现任务。

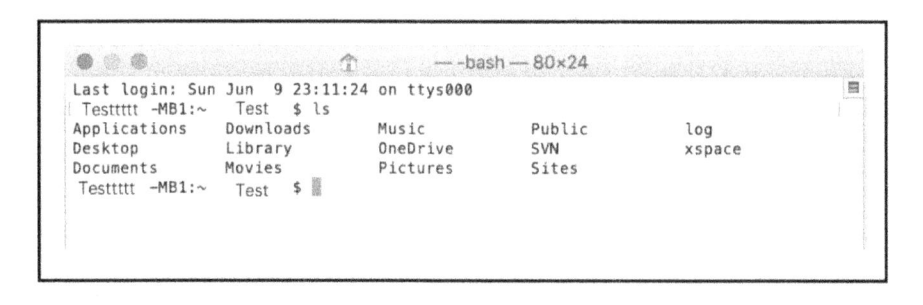

图 5-14 macOS 系统的命令行终端程序

那么，命令行工具的本质是什么？

其实，命令行工具和常见的带图形界面的应用程序是一样的，都是运行在操作系统之上的可执行程序。只不过它们存在界面和功能上的差异。许多我们在图形界面上手动进行的操作（例如，打开某个软件、拷贝某个文件，等等），都可以通过执行命令行来快速完成。

在 To B 服务中，经常会提供命令行工具形式的产品给用户使用。一套完整的命令行工具产品通常包含可执行程序、接入文档、演示 Demo、管理端等内容（如图 5-15 所示）。

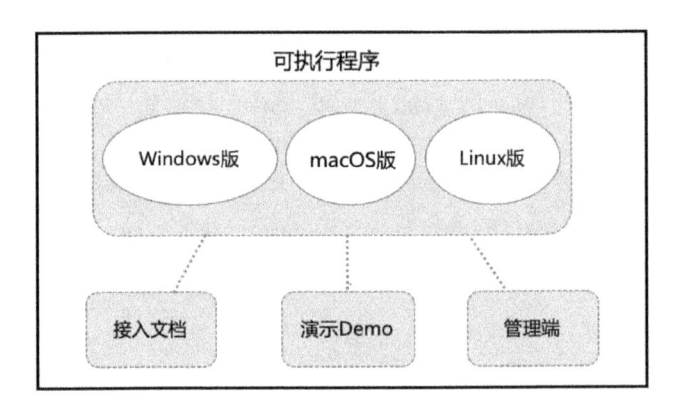

图 5-15　命令行工具产品涵盖的内容

（1）可执行程序

可执行程序是命令行工具的核心内容，里面实现了 To B 服务提供的业务功能。在命令行窗口中输入指令时，调用的正是可执行程序，为其传递对应的参数，便可以执行对应的任务。

可执行程序可能需要针对不同的操作系统（Windows、macOS、Linux）或针对不同位数的操作系统（32 位、64 位）而单独提供对应的版本。如果采用 Java 等跨平台语言开发的版本，可以实现一个版本，多平台运行的能力。

（2）接入文档

一套完整的命令行工具，必须通过接入文档的形式告诉用户指令该如何调用、每个指令的含义、每个错误返回码的含义，等等。

（3）演示 Demo

命令行工具与 SDK 相同，都需要提供演示 Demo，方便开发者参照 Demo 实现快速接入。

（4）管理端

命令行工具往往只是 To B 产品体系的一部分，用来实现特定的功能或提供特定的服务，在 Web 平台上往往还存在业务管理系统。对于命令行工具的执行次数、成功率、实现功能后对应的业务数据，都需要通过管理端来进行管理与查看。

2．为什么提供命令行工具产品

首先，命令行工具是面向开发者的。对于开发者来说，与常见的 GUI 程序相比，命令行工具具备很多优势。

（1）操作效率高

我们想把一个文件目录下的某种特定格式的文件复制到另一个文件目录下，如果在图形界面中操作，就需要手动逐个选中对应的文件，点击复制，再到目标文件目录下，点击粘贴，才能够完成。而使用命令行工具，仅需要一行代码，便可以快速完成。

例如在图形界面程序中，我们想要完成一项任务，有时候需要使用鼠标按步骤点击多个按钮，中间再将手移动到键盘上，结合键盘输入等操作，最终完成。如果程序界面设计得不够人性化，操作将会更复杂。而使用命令行工具，只需要专注于使用键盘进行操作，便可以很快完成，避免了交互设计带来的额外操作成本。

（2）开发成本低

要开发一套全新的带图形界面的客户端产品，需要经历原型绘制、UI 设计、切图、贴图等一系列工作。对于开发者来说还需要调用 Qt [①]组件库等来实现最终的交互界面。这样无论是人力成本还是财力成本都是非常高的。而设计命令行工具则可以把主要精力放在功能开发上。

（3）自动化

命令行工具最大的优势是可以实现自动化。例如，开发编译流程将多个程

---

① Qt Company 开发的跨平台 C++图形用户界面应用程序开发框架。

序、多项任务对应的命令行串联起来，实现整个流程的自动化。试想，如果过程中对应的每个程序都是带图形界面，需要人工操作的，那么就需要消耗一个完整的人力进行操作，而且还需要消耗大量的时间。

那么，To B 产品为什么要提供命令行工具产品呢？

这是因为许多时候 To B 产品是面向开发者的，开发者需要一套稳定可靠、功能强大、自动化的工具来实现对应的功能。

开发者面对 Web 产品、可视化图形界面工具、命令行工具的反应可能如下。

（1）Web 产品：功能不够强大，不满意。

（2）可视化图形界面产品：功能强大，但使用不够方便，不满意。

（3）命令行工具：功能强大且使用方便，满意。

因此，许多时候，针对特定 To B 场景，提供对应的命令行工具十分有必要。

3．为什么产品经理需要参与命令行工具产品策划

既然命令行工具是由我方开发者开发的，再交给外部开发者用户来使用的，而且又没有图形界面，那为什么还需要产品经理来参与产品策划呢？

原因至少包括以下几个。

（1）产品经理需要参与逻辑流程设计

命令行工具的背后是一套严格的业务流程，这套业务流程需要由产品经理参与设计、梳理，包括流程中各项分支、各种可能性的分析与梳理。

（2）产品经理需要参与交互设计

命令行工具调用过程中的指令含义、当前执行的内容、下一步要执行的内容、出错后的提示、成功完成后的提示，这些涉及用户交互的文案（往往是英文形式的），都需要有产品经理参与设计。

（3）产品经理需要参与产品化工作

在命令行工具产品推出后，对应的产品介绍材料、产品核心功能及优势提炼等工作，都需要产品经理主导。

4. 命令行工具产品策划的注意事项

在产品开发过程中，在保证命令行工具基本业务功能的前提下，产品经理需要关注以下内容。

（1）指令明确精炼

命令行工具输入的指令需要是简单、明确、易理解的。

（2）状态清晰明确

命令行工具在执行过程中每一步的当前状态、下一步操作、错误提示、成功提示，都需要是清晰明确的。

（3）参数配置灵活

命令行工具在执行任务前，往往会有参数配置。此时可以采取两种方式配置。第一，对于复杂的参数配置，需要采用配置文件的形式，单独调用。第二，对于常见的场景，需要提供默认配置，方便用户快速调用。

（4）多平台支持

对于 To B 产品来说，不同公司的开发者用户所使用的操作系统往往功能不同，所以相同功能的命令行工具也需要通过支持各操作系统的版本，以满足不同客户的需求。

以移动游戏开发编译流程为例，笔者了解到的公司中既有使用 Windows 系统的，也有使用 macOS 系统和 Linux 系统的。开发的命令行工具需要同时支持这几种操作系统。

（5）业务鉴权管理

在 Web 平台和可视化图形工具上的鉴权可以通过登录账号密码来进行。在命令行工具中的鉴权采用证书颁发的方式更合适，这样可以去掉登录组件在各个平台上的支持要求，且仅需将证书放在特定目录下直接调用即可。

在这种情况下需要考虑：证书的颁发机制、失效后怎么办、丢失后怎么办、泄露后怎么办，等等。

以上仅是产品经理在命令行工具产品设计与开发过程中需要关注的内容。在完整的命令行工具开发与上线过程中，产品经理至少需要参与以下工作模块：逻辑梳理、需求明确、产品介绍撰写、产品功能与优势总结、产品发布与宣传。

5．在线命令行工具

除了在本地执行的命令行工具，有些产品还提供了在线命令行工具。在本地执行的命令行工具会调用本地的系统能力。在线命令行工具则提供了远程访问云端服务器、管理云端资源的功能。

如图 5-16 所示，阿里云为开发者用户提供了在线命令行工具，帮助用户方便地管理云端资源。

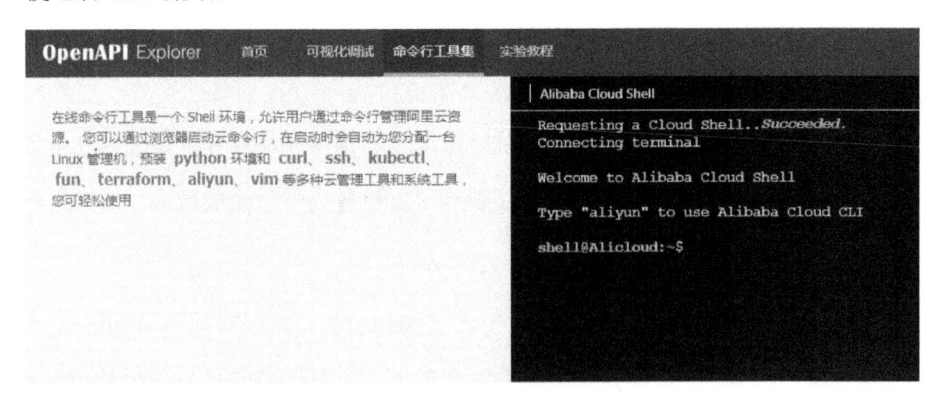

图 5-16　在线命令行工具

5.3 接口类产品策划

1. 什么是接口

在互联网技术领域，接口的全称是应用程序编程接口（Application Programming Interface），也被称为 API 接口。

提到 API 接口时，互联网技术人员最容易想到三种类型的接口。

（1）系统或组件提供的接口

这类接口一般由操作系统或一些 SDK 组件来提供，是开发者最常用的接口。

例如，Windows 系统提供的用户分配管理内存的 API，Linux 系统提供的用于建立通信链接的 API，第三方 SDK 提供的调用某个功能的函数 API，它们都属于这类接口。

因为这类接口一般属于某个组件的一部分，所以一般不会作为单独的产品来看待。

在绝大部分程序的开发过程中，开发者都是以操作系统或其他 SDK 提供的能力为基础，在上面实现具体的产品业务逻辑。开发者以接口的形式调用对应的能力。许多时候，开发者刻意造轮子是属于耗时、低效、出力不讨好的行为。

（2）内部业务接口

内部业务接口是产品经理在工作中经常听技术人员提到的事情。例如，技术人员 A 跟技术人员 B 说，"我给你提供个接口，你来调用，给我传递这几个字段。"技术人员 C 说，"我写的这套代码把各个模块都封装好了，提供接口给别人调用就行。"

这里提到的接口都属于开发过程中自己实现的接口，供内部业务互相调用。

（3）URL 接口。

在 To B 产品形态中，能够作为单独的产品形态对外部提供服务的接口，往往特指的是 URL 接口。

URL 是 Uniform Resource Location 的缩写，译为"统一资源定位符"，它可以代表网络中的任意资源。在网络中的许多业务请求与响应，都是以 URL 地址为媒介来实现的。

例如，我们可以通过在浏览器中输入图 5-17 所示的 URL 地址来访问百度搜索页面。URL 地址中的"http"表示超文本传输协议（HTTP），它告诉浏览器以哪种方式处理要请求的文件，类似的协议类型还有多个，但（HTTP）是最常用的协议类型。"www.baidu.com"会被解析为要请求的服务器地址，帮助我们把请求发送到对应的服务器上。"index.html"则表示服务器上的文件，这是我们真正要访问的内容。

1 http://www.baidu.com/index.html

图 5-17　URL 接口示例

2. 为什么使用接口类产品

URL 接口中的 HTTP 接口是最常见的接口类产品。许多 To B 产品会提供专门的 HTTP 接口，通过"请求—响应"的形式，为用户提供服务。后续如无特殊说明，提到的"接口类产品"都特指"HTTP 接口类产品"。

为什么 HTTP 接口在 To B 产品中被广泛使用？原因有以下几个。

（1）接入成本低

HTTP 协议是高度标准化的，无论当前的项目是 PC 客户端程序还是后台程序，无论是 Android 客户端还是 iOS 客户端，都只需要在项目中嵌入代码快速调用接口，请求服务，再根据返回结果，做好处理，即可完成接入。接入成本很低。

（2）开发成本低

正因为 HTTP 协议的高度标准化，HTTP 接口产品无须考虑各种开发环境的适配问题，只需要提供一份标准化的产品即可。

与之相比，SDK 产品则需要适配各种各样的开发环境，可能需要为 Android、iOS 等系统分别提供 SDK，也可能需要为 Java、C++、C#等开发语言单独提供对应的 API 接口。加之需要严格保证 SDK 产品与各种操作系统具有稳定的兼容性，开发成本非常高。

因此，从 To B 产品提供者的角度来看，对外提供 HTTP 接口产品的开发成本较低。

（3）升级成本低

当产品能力需要升级时，对于 SDK 产品来说，To B 产品提供者需要重新编译新版本 SDK，再经过严格的稳定性测试，然后才能对外发布。相反，采用 HTTP 接口只需要更新字段或接口形式，即可以实现升级，成本较低。

从开发者用户使用接口类产品的场景来看，简单的"请求—返回"即可快速得到 To B 服务，对用户来说是足够方便的。当然在某些场景下，接口仅用来将用户的数据传输到服务端进行落地存储，统一处理后再反馈结果，而非立即提供服务。

3. 接口类产品包含哪些内容

如图 5-18 所示，一套完整的接口类产品，一般包含接口、接入文档、演示 Demo、在线体验、管理端等内容。

（1）接口

接口是最核心的内容，是请求发起与服务返回的媒介。接口并没有实体的存在形式，需要在接入文档中进行描述。

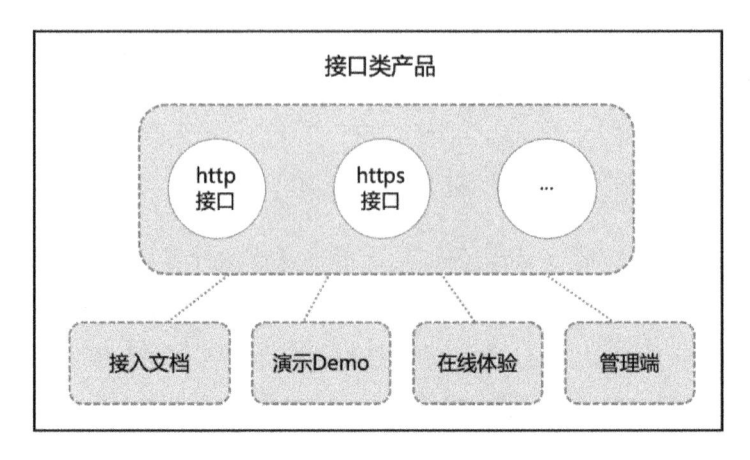

图 5-18　接口类产品涵盖的内容

以文本审核类产品为例，提供的接口简化后如图 5-19 所示。

```
1  http://ugc.test.com/cgi-bin/ugccgi?appid=1016&key=TX
2  dvfekr243230zS2Rd5&account=12345678&cmd=2&text=ugctext
```

图 5-19　简化后的文本审核类产品接口

（2）接入文档

在接入文档中需要描述清楚接口传输的内容，接口将会返回的内容，接口中每个字段的含义、是否必填、是否可扩展，接口返回内容的含义，接口返回内容后开发者的处理方式，接口返回错误码的含义，等等。

总之，接入文档是直接面向开发者用户的核心指导材料。

（3）演示 Demo

和其他面向开发者的 To B 类产品一样，提供演示 Demo 可以帮助开发者用户快速完成接入。

需要说明的是，有些接口类产品的接口接入 Demo 会直接在接入文档中写明。有些产品则会在 GitHub 等网站上给出工程版的演示 Demo，这更符合开发者用户的开发习惯。

（4）在线体验

某些接口类产品会提供在线体验功能，让用户在购买产品之前体验产品效果。如图 5-20 所示，某云平台的内容安全类产品提供了在线体验功能。

图 5-20　内容安全产品在线体验示例

（5）管理端

和其他 To B 类产品一样，接口类产品也需要提供管理端，用于对用户的服务进行配置、对业务数据进行统计与报表呈现、对用户的使用明细及账单进行管理，等等。

4．接口类产品策划注意事项

（1）接口的请求设计

请求参数需要做到字段明确、含义清晰、支持扩展。

还是以图 5-19 所示的文本审核类产品接口来举例，请求接口中的字段说明如表 5-1 所示。

表 5-1 HTTP 接口的请求字段说明示例

字段名	字段说明	字段类型
appid	业务 ID，由平台分配	int
key	业务密钥，由平台分配	string
account	用户账号	string
cmd	请求的子业务类型 图片业务：1 文本业务：2	int
text	请求审核的文本	string

（2）接口的返回设计

返回结果需要做到字段含义明确、结果方便与业务结合使用。

还是以图 5-19 所示的文本审核类产品来举例，接口返回的字段说明如表 5-2 所示。

表 5-2 HTTP 接口的返回字段说明示例

字段名	字段说明	字段类型
ret	请求结果：0:成功 1:无权限 2:其他错误	int
check_ret	1:恶意 2:正常	int
check_ret_type	1001:广告 1002:色情 1003:赌博 1004:暴恐	int
probability	结果评分，业务侧根据自身业务特性做决策是否进行处罚	int

（3）接口的安全性

在安全方面，HTTP 接口类产品除了需要通过密钥颁发与鉴权的方式保证业务安全，还需要注意规避 Web 安全风险，在产品设计上可以从以下几个方面考虑。

① 使用 POST 请求方法

HTTP 接口请求可以采用 GET 和 POST 方法。其中，GET 方法会将请求参数作为 URL 地址的一部分进行传输，其明文可见，安全性很差（图 5-19 所示的接口请求采用的即是 GET 方法）。而 POST 方式要比 GET 方式安全得多，其参数不会被保存在浏览器历史或 Web 服务器日志中。所以，建议采用 POST 请求方法。

② 使用 HTTPS 协议

HTTPS 协议在 HTTP 协议的基础上增加了 SSL 加密协议，显著提升了协议的安全性。HTTPS 协议的安全优势体现在哪些方面？通俗来说：第一，增加了对服务端的证书校验，避免了访问请求到假冒违法站点的可能性；第二，对客户端与服务端的通信进行了加密处理。现在大部分站点都会采用 HTTPS 协议。例如，我们在浏览器输入"http://www.baidu.com"时会自动被转换为"https://www.baidu.com"，然后使用 HTTPS 协议与百度服务器进行通信。

③ 防 Web 漏洞攻击

在设计接口方案时需要采取措施对常见的注入攻击、跨站脚本攻击、分布式拒绝服务攻击等场景进行防范。

（4）完善的产品化设计

前文提到的接口请求与返回字段、安全问题，都需要由研发人员来确保，产品经理仅需要保持关注即可。

但在产品体验与业务管理方面，产品经理除了需要将基本的接口类产品让用户方便地使用起来，还要从用户场景出发设计良好的 Web 在线体验功能、完善的业务管理功能，把接口类产品做成有血有肉的产品形态。

第 6 章
To B 产品的设计原则

如果不知道自己的设计目的是什么,就不能为自己的设计辩护。

——贝聿铭

6.1 产品经理需要懂设计吗

产品经理不需要精通设计,但需要了解设计。

虽然"拥有良好的审美与设计能力"并不是所有产品经理都必须具备的一项能力要求,但是我们很难想象一位平时对审美与用户体验都缺少敏感度的产品经理能够负责打造出一款用户体验极佳的产品。

尤其对于 To B 产品而言,更需要产品经理在用户体验上具备较高的敏感度,才有可能打造出科学严谨、流程完备、体验完美的企业级产品。

在互联网产品打造过程中,"设计"只是一个宽泛的概念。在具体工作中,往往包含"视觉设计师"和"交互设计师"两个职位。其中,视觉设计师关注界面色彩、布局、风格等,为表现形式负责,而交互设计师关注产品流程体验、用户操作、实际交互效果,为产品体验流程负责。

在很多产品团队(尤其是较小规模的产品团队)中,一般没有专职的交互设计师,交互设计师的角色需要由产品经理兼任。

产品经理需要对静态的审美和动态的交互都有一定见解。

因此,尽管并非每一名产品经理都是设计相关专业的科班出身,但至少需要做到以下 3 点:懂得基本原理、了解基本趋势、在生活中不断学习。

6.1.1 懂得基本原理

与设计相关的基本原理可以通过阅读图书、查阅资料掌握。这里推荐几项内容。

1. 《点石成金》

这本书原名为 *Don't Make Me Think*,美国可用性设计专家 Steve Krug 的著作。

这本书是 Web 可用性设计领域的经典。作者 Krug 总结了用户在访问网页时的三个基本事实(新版本中也增加了移动端设计的内容)。

(1)用户不是阅读,而是扫描

用户一般不会详细阅读网页上的每一个细节,而是选择快速浏览找到自己关心的内容。

例如,多年前腾讯就曾经引入过用于视觉跟踪的测试仪器,研究如何提升产品的用户体验。很多网站的用户视觉热力图都是用这类工具得出的(如图 6-1 所示)。

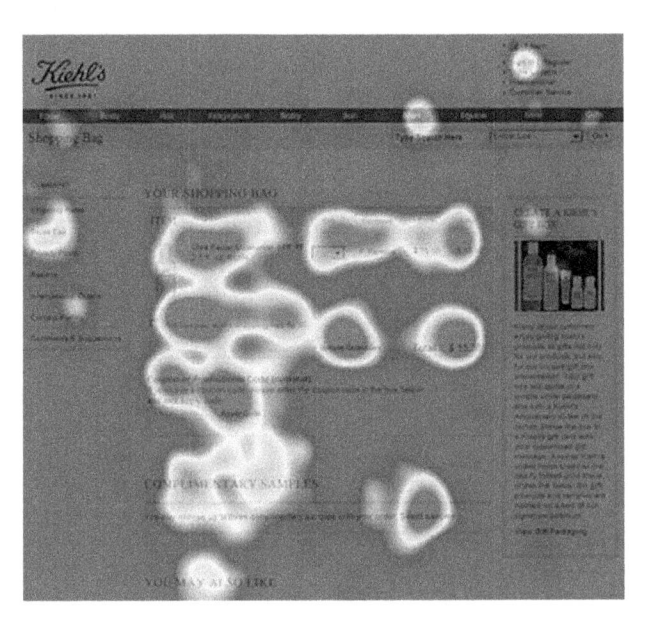

图 6-1　某网站的视觉热力图

（2）用户不做最佳选择，而是满意即可

用户不会详细阅读每个产品细节，然后做出最佳选择。用户往往喜欢根据初步判断，点一个按钮试一试，如果不行再退回来。

例如，Google 搜索提供的"手气不错"按钮（如图 6-2 所示），其实就是顺应了用户喜欢快速尝试的心理诉求。据报道这项方便用户体验的按钮设计，每年为 Google 造成超过 1 亿美元的广告收入损失。

图 6-2　Google 搜索的"手气不错"功能

（3）用户不会去追根究底，而是勉强应付

用户不会对产品的原理进行详细解剖，也不喜欢阅读长长的说明书。因此，在设计产品时需要将用户最需要的内容以精炼的形式呈现出来。

正是基于对用户习惯的研究，Krug 提出了自己的核心观点并作为可用性设计的第一法则，而且被多数人奉为圭臬，那就是——不要让用户思考。

2．费茨定律

费茨定律指出，使用指点设备到达一个目标的时间，与当前设备位置和目标位置的距离（D）和目标大小（W）有关（如图 6-3 所示）。

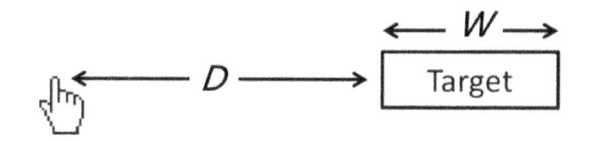

图 6-3　费茨定律示意图

费茨定律可用公式 $T=a+b\times\log_2(D/W+1)$ 表示。T 代表操作需要花费的时间，D 代表需要移动的距离，W 代表目标大小。

该定律揭示了交互领域的基本原理，并在许多设计中被广泛应用。

例如，在 Windows 系统中将鼠标移动到屏幕右下角并单击，可以快速切换到桌面（如图 6-4 所示），右下角的右侧边缘和下侧边缘都代表了无限的空间，因此意味着上面公式中的 W 足够大。所以，用户可以快速实现切换到桌面的需求。

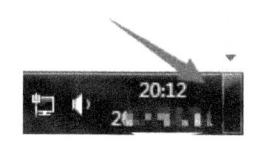

图 6-4　Windows 系统返回桌面的快捷操作

再例如，在 Windows 系统中，想要关机需要先点击左下方的开始菜单，然后再去点击"关机按钮"，而且按钮也设计得非常小（如图 6-5 所示）。因为关机属于非常低频的行为，而且误操作可能带来不良后果，所以要尽量提高关机的难度。这也是费茨定律的典型应用。

图 6-5　Windows 系统中的关机按钮

在《亲爱的界面》一书中，对费茨定律有详细的介绍。

除了费茨定律以外，在交互设计领域还有席克定律、奥卡姆剃刀原理、泰思勒定律等经验法则，都值得产品经理学习。

3．《超越平凡的平面设计：版式设计原理与应用》

作者是美国平面设计师 John McWade，这本书没有对复杂的设计原理进行照本宣科的讲解，而是对平面设计中的排版、配色、字体选择等进行了通用易懂的讲述，很适合产品经理阅读并培养审美感。

例如，在色彩的选择上，作者提出了通过在图中取色以达到色彩协调的方法；在字体的选择上，作者提出了根据配图中的图案棱角来进行选择的方法。这些设计经验，最终都能达到自然、协调、美观的目标。

4．移动交互手势

在移动互联网时代，很多 To B 产品也有移动端形态。

移动端的交互经常通过手势的方式进行，使用得当可以有效提升用户体验。

常用的移动端交互手势如图 6-6 所示。

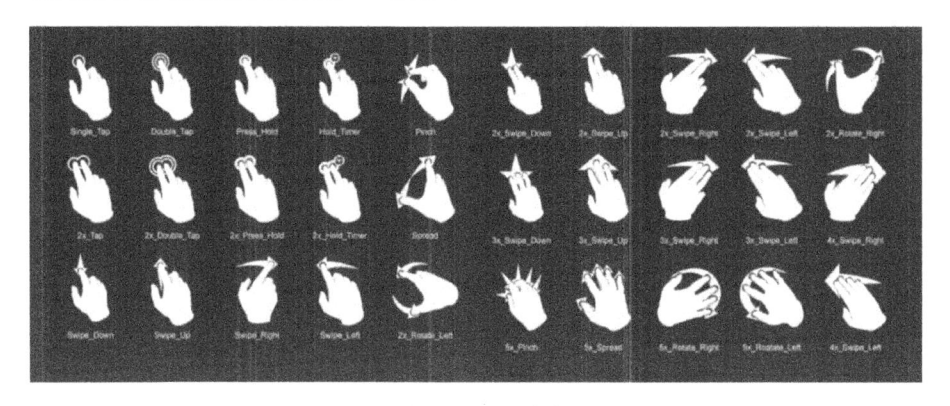

图 6-6　常用的移动端交互手势

6.1.2　了解基本趋势

除了对基本设计原理有所掌握，产品经理还需要对主流的设计风格及其变化趋势有所了解。

例如，近些年流行的扁平化设计、拟物化设计、渐变配色、All White 风格，等等。

案例：渐变配色风格

渐变加上高饱和度的配色方式，可以营造出躁动、有活力的氛围，被越来越多的产品设计所采用。

在本书写作阶段（2019 年），在京东、淘宝等 APP 中，大到版面主题、banner 图，小到按钮和 icon 的配色都采用了渐变效果。

此外，众多 To B 产品平台也都采用了渐变配色。如图 6-7 所示，是百度云平台某 banner 图的渐变配色。

图 6-7　百度云平台 banner 图采用了渐变配色风格

6.1.3　在生活中不断学习

许多设计原理和思路都来源于生活。例如电商网站中的购物车形象、平台策略管理中的 toggle 开关等都是基于生活总结出来的用户心智模型。

案例：建筑设计带来的启发

笔者曾经购买过一本厚厚的《贝聿铭全集》，里面涵盖了贝聿铭先生一生中创造的众多优秀建筑作品：卢浮宫玻璃金字塔、日本美秀美术馆、香山饭店、香港中银大厦，等等。

"让光线来做设计"是贝聿铭的名言，在他的作品中充满着光线与空间的结合，让凝固的建筑因为光线变化而充满活力与梦幻色彩。

另外，对于几何构成的使用、对当地传统文化的运用，也在贝聿铭建筑作品中有着充分的体现。

建筑被称作"凝固的音乐"，建筑作品中所蕴含的设计思路与原则，与互联网产品设计中的思路原则是相通的，互联网产品设计可以从建设设计中寻找灵感。

此外，在生活中还有很多与设计审美相关的内容可以学习。

例如，以智能手表为代表的可穿戴设备应该怎么设计？以自动驾驶为代表的智能车联网场景下的交互过程应该怎样设计？针对上述新生活场景设计，百度移动用户体验部推出的《方寸有度》一书也给出了一些探索答案，读者可以查看阅读。

6.2　To B产品微观设计原则

产品设计原则可以从微观和宏观两个角度来看待。其中，微观角度主要针对 UI 与交互设计中的细节，属于单个点的设计；宏观角度则是从产品设计整体流程与框架的角度来进行系统化的思考。

本节梳理微观设计原则，下一节梳理宏观设计原则。

产品可用性设计的理论有很多。其中，尼尔森博士在 1995 年整理发表的尼尔森十大可用性原则具有很强的代表性，在行业中得到了广泛的认可。在此我们以尼尔森十大原则为线索梳理 To B 产品设计中的一些案例。

（1）系统状态可见

系统状态可见属于 To B 产品设计最基本的原则。

与 To C 用户相比，To B 用户在使用产品过程中更加关心系统的当前状态，这些信息状态的同步对于他们而言有时候是至关重要的。

例如，用户在使用 SaaS 服务时，在控制台需要准确展示 SaaS 服务的到期时间，在服务到期前还应该提前提醒用户。SaaS 服务的暂停与否关系到用户所在企业的核心业务是否可用，因此，这一状态的可见性对用户来说非常重要。

此外，在 To B 产品使用过程中常见的诸如"配置加载过程""更新保存过程""数据导出过程""特征发布过程"等功能背后都涵盖了一种或者多种业务流程的复杂操作，可能会存在时间消耗较长的情况。为了避免时间消耗过长为用户带来的疑惑，在这些过程中都需要给用户准确的提示（如图 6-8 所示）。

图 6-8　数据导出过程的状态提示

To B 产品中往往包含非常多的策略开关，这些策略开关的当前状态，也需要精确、实时地呈现（如图 6-9 所示）。

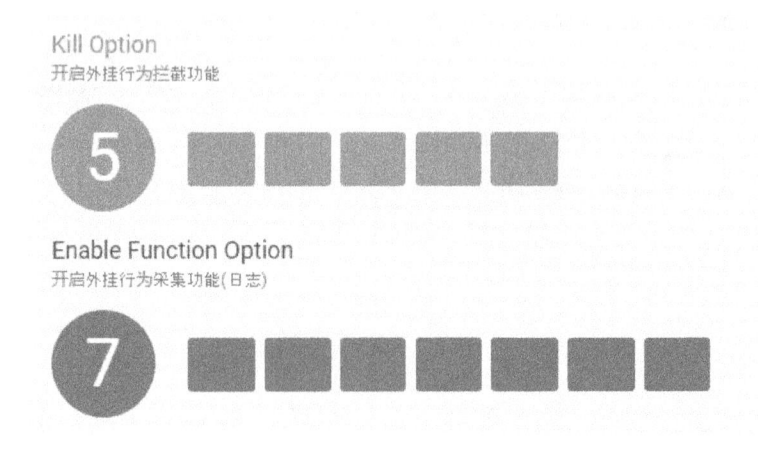

图 6-9　某产品平台中开关数量状态的呈现

（2）贴近用户的真实环境

无论是产品的文案设计还是流程设计，都需要尽量从用户的实际场景出发，采取用户最容易理解的方式给到用户最佳的产品体验。

例如，一款安全类产品通过接入安全组件来达到保护 APP 的目的，其基本的设计思路是用户自己将安全组件添加到 APP 开发项目中，进行复杂的配置，最终达到保护 APP 的目的。该过程操作烦琐且必须有技术同事参与（未优化的流程如图 6-10 所示）。

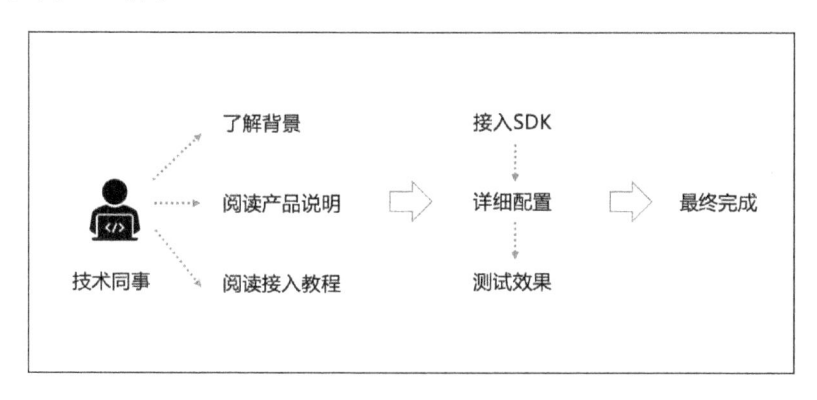

图 6-10　安全组件接入流程（未优化）

如果从用户实际场景出发，完全可以将用户需要自己操作的步骤自动化，放在服务端进行。用户仅需要将自己的 APP 包通过网页上传到服务端，系统自动将组件接入 APP 中，用户再下载得到被保护后的 APP 包即可。这样一来，不仅操作简单、消耗时间短，而且也不再需要技术同事的参与，只需要产品同事参与即可（优化后的流程如图 6-11 所示）。

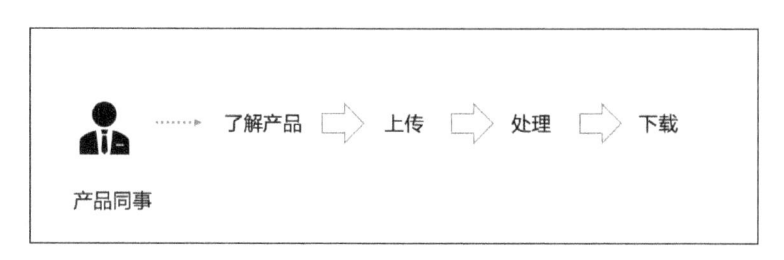

图 6-11　安全组件的接入流程（优化后）

国外的一家安全厂商便将原来需要手动接入的 APP 组件保护过程，优化成了自动化的"一键安装"过程（如图 6-12 所示）。

图 6-12　国外某安全厂商设计的"一键安装"功能

（3）可控原则

掌控感是人性的一部分。尤其在 To B 产品使用过程中，用户对于系统的自由使用与控制的权利，需要时刻被满足。

对于产品中的某些关键功能，使用前需要做到"完善的提醒"，使用后需要提供"可撤回""可重做"的功能。

比如，用户在点击某项按钮跳转到下一个页面前，需要能够采用合适的方式告知点击按钮意味着什么。如果用户误跳转到了下一个页面，可以通过点击"返回"按钮回到上一步。

再举一个例子，某 To B 产品在用户点击"发布"按钮进行策略发布后，为避免策略发布可能带来的外网移动设备上的 crash 风险，在点击"发布"后，会提供策略"下架"功能（如图 6-13 所示）。如果发现 crash 问题，可以紧急下架处理，保证用户在使用产品的整个流程中是稳定可控的，从而放心使用产品。

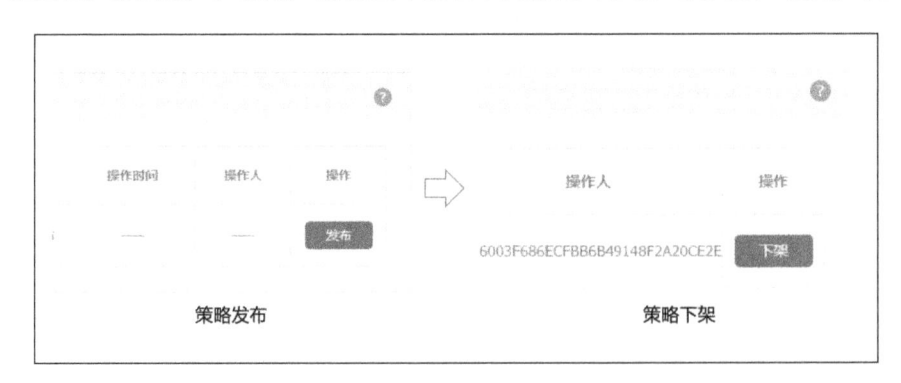

图 6-13　某产品的策略下架功能

（4）系统一致性

与 Android 系统和 iOS 系统各自拥有自己的设计规范一样，一款 To B 产品同样需要拥有自己的设计规范。

按钮的设计、icon 的设计、弹框的设计、文案的使用，都需要遵循一致性原则，同样的 UI 样式、交互方式、文字描述，只能表示同样的含义，避免让用户产生混淆。

需要说明的是，在一些大型 To B 产品团队中，设计师往往是几十人规模的大团队，必须要提前制定一套完备的设计规范，以避免在工作中产生偏差。

（5）防错设计

针对防错设计，需要做到三点。

第一，在用户操作前，从设计上降低出错的可能性。例如，不可点击的按钮设置为灰色不可点击状态。再例如，对于"删除"等比较"危险"的按钮，需要设计得小一些，且不要和高频操作的按钮离得太近，以避免错误点击。

第二，在用户操作中，通过二次确认，提醒用户，避免出错。

第三，在用户操作后，如果出错，需要提供回退机制。

如图 6-14 所示，某 To B 产品在让用户修改策略前，需要先点击"Update"按钮，打开配置管理表单，才能进行详细修改，否则不允许修改。这就为这项重要功能增加了一道保险。

图 6-14 某 To B 产品用户修改策略

上面的案例是为了避免误操作带来的风险。在 macOS 系统上，很多配置在修改之前，都需要先输入用户密码才能进行。这样的设计是为了解决用户安全风险。

其实，上面的设计思路都来源于现实中的生活场景。日常生活中的电闸开关外面总是覆盖着一个保险盖，打开之后才能够去开关电闸。不是像普通的风扇开关，裸露在外面可以直接随意操作。

（6）帮助用户记忆

对于用户搜索历史、填写过的表单、修改过的配置等信息，用户都很难完全记得住（尤其对于 To B 产品，各种专业性的、复杂的信息，更加难以记忆）。

通过系统记录与展示，可以有效地降低用户的记忆负担。

例如，某 To B 产品在用户修改完配置，点击发布之前，会提醒用户已经修改了哪些选项，请用户确认没有问题之后再点击"立即更新"按钮（如图 6-15 所示）。

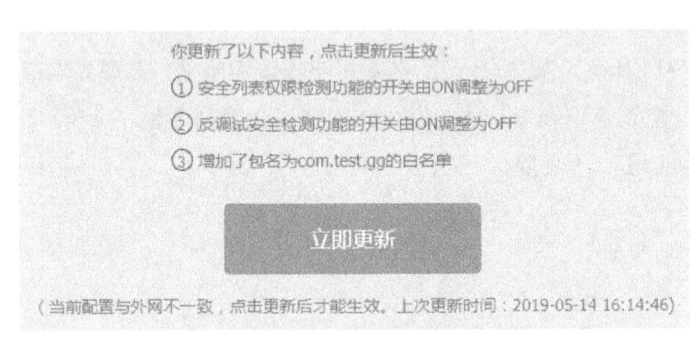

图 6-15　帮助用户记录更改过的策略

（7）灵活高效原则

在产品设计中，应该为用户提供灵活和高效的操作能力。

产品中常见的快捷键、全选、批量删除、快捷回复等功能，都属于灵活高效原则的应用。上述功能也同样可以用在 To B 产品中。

To B 产品在提交订单页面，用户选择购买时长时，可以通过提供滑动轴操作的方式为用户提供快速选择某个时长的能力（如图 6-16 所示）。这也属于灵活高效原则的典型应用。

图 6-16　滑动轴帮助快速选择购买时长

（8）美观和简约设计

在 To B 产品中，需要在设计中分清主次，突出核心操作流程，弱化、隐藏次要信息，保证主要操作流程被简洁、突出地呈现给用户。

（9）从错误中恢复

在 To B 产品中，如果某项操作出错，不仅要向用户展示"错误码"和"错误详情"，还要告诉用户"错误原因"和"解决方法"。此外，To B 产品操作出错往往关联到用户的重要业务，所以还需要提供实时联系到客服的方式（如图 6-17 所示）。

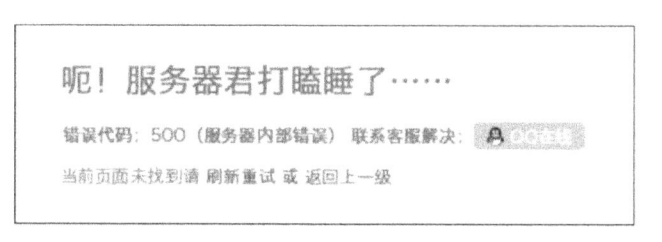

图 6-17　出错后的提示

（10）帮助文档

在许多 To C 产品中，帮助文档往往是"鸡肋"。

有两个原因：第一，To C 产品使用比较简单，很多时候不需要帮助文档；第二，To C 产品的用户阅读长篇文档的意愿极低，即使有详细产品文档，用户也不愿意阅读。

在 To B 产品中，恰好相反。

To B 产品往往是复杂和严谨的，通常需要严格的帮助文档对产品的功能特性、操作流程、注意事项、使用场景等进行详细的说明。此外，To B 产品的用户往往是专业人员，拥有阅读产品文档的能力和意愿。

在各类 To B 产品中，帮助文档是必不可少的一部分。如图 6-18 所示，某云平台的帮助文档模块提供了各类详尽的产品文档。

图 6-18　某云平台的帮助文档模块

6.3　To B 产品宏观设计原则

产品设计并非拿到原型就展开绘制那么简单。尤其对于 To B 产品设计，更是如此。

To B 产品通常会涉及比较深入的方案原理和专业的操作场景，设计师在接到设计任务时可能还不如外部用户对使用场景的理解透彻，很难直接设计出符合需求的内容。

在展开设计之前，设计师需要在产品经理的帮助下，理解方案原理、熟悉用户场景、梳理操作流程、探讨用户体验的关键点和设计要求，然后再展开详细设计。

在设计过程中，从宏观层面可以划分以下三个步骤（如图 6-19 所示）。

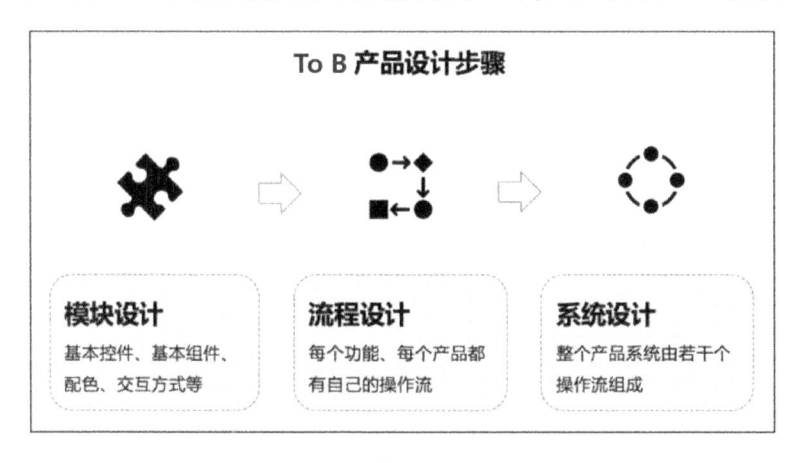

图 6-19 To B 产品设计的宏观步骤

（1）模块设计：对常见的基本控件和组件，以及它们对应的格式、配色、交互形式等进行标准确认，形成一致的设计规范。

（2）流程设计：无论是一个新功能的上线，还是一款新产品的上线，从用户体验角度都意味着为用户提供了一条完整的操作流，以满足用户的某项需求。用户体验的本质即在于以操作流的形式将上述的组件、控件等模块进行串联，形成完整的业务路径。

（3）系统设计：在完整的产品系统中，包含各种各样的功能或产品，它们所代表的操作流共同存在于产品系统中。

6.3.1 模块设计

模块设计的常见内容如下。

（1）控件和组件：按钮、文本、单选框、复选框、表格、对话框、进度条、开关、日期选择器，等等。

（2）设计风格：组件的大小、颜色、字体、形状，等等。

（3）交互方式：在不同场景下的呈现与交互方法。例如，分步骤操作下的交互形式、选择与提交场景的交互形式、数据加载与呈现的交互形式，等等。

进行模块设计的好处，包含以下几个方面。

（1）可复用：基本模块设计完成后，可以在以后的设计中进行复用，不需要每次单独设计，提升企业效率。

（2）标准化：每个基本模块都是标准一致的，在产品中形成统一的设计语言。不仅从视觉角度上是美观的，从用户心智模型上也可以对产品形成统一的认知，符合一致性的设计原则。

（3）形成设计规范：规范的模块设计，可以方便形成统一的设计规范，有利于设计团队中规范与经验的传承，这对大型项目的长期设计而言也是必要的。

6.3.2 流程设计

流程设计包含模块设计。

操作流程是产品设计的本质内容。在产品系统中，无论从单个功能的角度，还是从单个产品的角度，都包含了各种各样的操作流。

这些操作流涵盖了上述各个模块。甚至，多个操作流程之间会复用相同的模块。

单个功能：以移动 APP 加固为例，存在"选择文件—选择配置—上传文件—加固处理—下载文件"这样一条完整的操作流程（如图 6-20 所示）。其他功能对应的操作流程可能流程不同，但也可能会复用这条操作流程中的某些模块。

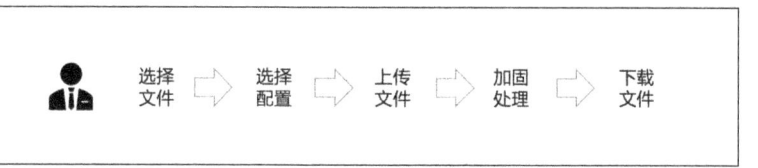

图 6-20　单个功能中的操作流程

单个产品：从用户接触一款产品开始，会经历"查看产品介绍—联系客服—产品试用—下单购买—控制台运营—续费"这样一条完整的操作流程（如图 6-21 所示）。其他产品对应的操作流程可能不同，但也可能会复用这条操作流程中的某些节点。

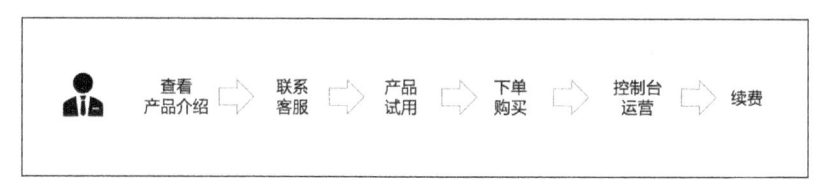

图 6-21　单个产品中的操作流程

面对复杂的 To B 产品业务流程，设计师很难快速理解业务操作步骤及每个步骤中的关键点。

在流程设计前，需要 To B 产品经理配合设计师，对操作流程进行详细了解。至少包含以下内容。

（1）熟悉背景：产品经理向设计师同步本次设计的背景。例如，本次设计是为了解决用户的×××问题，为用户提供×××功能。

（2）熟悉场景：进行操作的用户是哪些人，他们的专业知识如何，他们将会怎么操作，他们最关注什么。

（3）熟悉流程：这是最关键的部分，设计师需要了解整个操作流程的操作步骤及涉及的关键点。

除了与产品经理多沟通交流之外，设计师还可以通过产品经理提供的线框图、原型图来熟悉需求，也可以通过查看已完成的调研问卷、现有的工单反馈等途径，加深对 To B 业务操作流程的理解。

6.3.3 系统设计

系统设计包含流程设计。

正如前文所述，产品系统中包含许多个操作流程，正是这样一条条代表着不同功能、又具有共性的操作流程组成了完整的产品系统。

在产品系统中的各个操作流程可能不同，但是这些操作流程存在交叉复用关系。这些被复用的内容都不需要再重新设计。

模块设计、系统设计、体系设计之间的关系，如图 6-22 所示。

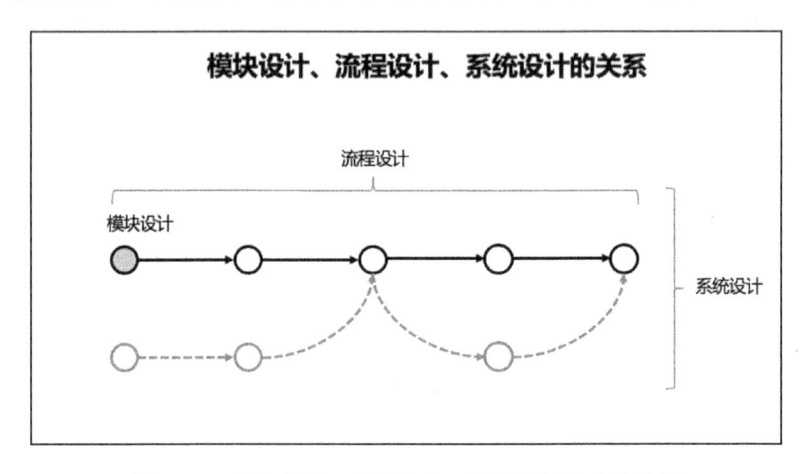

图 6-22　模块设计、流程设计、系统设计之间的关系

第三篇 Chapter 3

商业运营篇

第 7 章
To B 商业化前的准备

> 没有人能独自玩游戏。一个人不成其为人，没有群体，便没有自我。
>
> ——詹姆斯·卡斯《有限与无限的游戏》

7.1 定价策略与计费方式

7.1.1 选择定价策略

1. 定价流程

在讨论 To B 产品的定价策略之前，我们先来看定价流程。如图 7-1 所示，根据经验定价流程至少需要包括以下 4 个步骤。

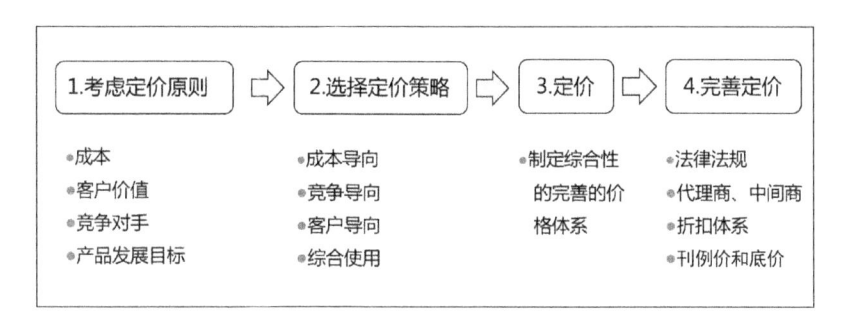

```
┌─────────────────────────────────────────────────────────────────────┐
│  1.考虑定价原则  ⇨  2.选择定价策略  ⇨  3.定价       ⇨  4.完善定价    │
│                                                                     │
│  • 成本            • 成本导向         • 制定综合性     • 法律法规    │
│  • 客户价值        • 竞争导向           的完善的价     • 代理商、中间商│
│  • 竞争对手        • 客户导向           格体系         • 折扣体系    │
│  • 产品发展目标    • 综合使用                          • 刊例价和底价│
└─────────────────────────────────────────────────────────────────────┘
```

图 7-1 定价流程

第 1 步：考虑定价原则。

在定价之前，需要首先厘清成本、客户价值、竞争对手、产品发展目标等几个要素。

① 成本：产品成本构成是怎样的？包括哪些固定成本，包括哪些变动成本？

② 客户价值：产品可以为客户带来多少价值？挽回多少损失？提高多少效率？节省多少人力？等等。

③ 竞争对手：竞争对手采取了怎样的定价策略？

④ 产品发展目标：公司当前的发展目标是什么？是单纯为了盈利还是主要为了铺开市场？是把这个产品作为独立的盈利来源还是作为免费的导流型产品？

第 2 步：选择定价策略。

在有了对定价原则的思考之后，选择适合自己产品当前场景的定价策略。

第 3 步：定价。

在有了定价策略之后，就可以为产品进行定价。在定价过程中需要思考计费方式，我们在下一小节进行描述。

第 4 步：完善定价。

在初步制定好产品价格后，需要综合考虑各项因素，对价格体系进行完善：

① 是否符合法律法规的问题。

② 代理商分成问题：需要将价格上浮多少，为代理商提供分成空间。

③ 客户折扣问题：不同的客户等级要制定不同的折扣，不同的折扣找公司内不同级别的领导进行审批。

④ 刊例价和底价：刊例价报多少？底价是多少？

通过综合的考虑之后，制定完善的价格体系。

2．定价策略

定价策略有很多，最常用的有三种：成本导向定价法、竞争导向定价法、顾客导向定价法。它们分别从成本、竞品、客户价值三个角度入手。

三种常见定价策略的对比，如表 7-1 所示。

表 7-1　三种定价策略的对比

定价策略	成本导向定价法	竞争导向定价法	顾客导向定价法
定义	以产品成本为基本依据，再加上预期利润来确定价格的定价方法（不仅需要考虑售卖的单位产品的成本，还要考虑前期产品上线前的研发成本）	通过研究竞争对手的生产条件、服务状况、价格水平等因素，依据自身的竞争实力，参考成本和供求状况来确定产品价格	根据市场需求状况和消费者对产品的需求差异来确定价格的定价方法
场景举例	边际成本高的产品，例如：卖服务器、需要人力消耗的专家型产品	市场上同质化严重、价格公开透明的产品	明确解决了客户的核心痛点，为客户带来可量化的高价值的产品
说明	成本导向定价法的好处在于重点考虑了成本要素，但忽视了市场需求、竞品的定价，会造成定价与市场脱节。这种定价方法本质上属于卖方定价导向	竞争导向定价法以竞品价格为导向，跟随竞品价格来调整价格。为了避免单纯跟随、过于被动，需要结合自己产品的差异化功能，制定差异化的价格	顾客导向定价法以市场价值为导向，反映了市场需求，不与成本因素发生直接关系，符合现代市场的观念和要求

值得说明的是，在现实中，往往会采取将上面三种定价策略相组合的方式进行定价。

例如：从成本的角度来看，产品成本是 20 元。从竞品的角度来看，竞品定价是 50 元，那么此时，我可以采用 50 元的定价。再从客户价值的角度来看，我的产品存在差异化，差异化的功能可以额外为客户带来 100 元的收益，那么这部分收益我额外收取 50 元。所以最终我的产品定价是 100 元。

除了以上常见的定价策略之外，还有一些在 To B 领域应用比较少的定价策略。例如：渗透定价法（以最低的价格打入市场，牺牲高毛利，快速占领市场），撇脂定价法（新品上市时，定一个高价，后面价格慢慢降低，收割第一批客户，快速赚一笔），歧视性定价法（在面向不同的客户提供相同的产品时实行不同的收费标准），声望定价法（通过超高价格树立高品质的形象，常见于艺术品和奢侈品），等等。

7.1.2 选择计费方式

To B 产品的定价，最终需要落在计费上。

常见的计费方式包括：按时间、按人数、按调用量，同时又存在免费、项目制收费等形式，本节将这些方式统一在一起。

需要说明的是，To B 产品的定价与计费策略往往不会只选择其中的一个维度，而是选择多个维度进行。

1. 免费

免费不应该作为大多数 To B 产品采用的主流定价方式。然而，在一些场景下，仍然会有不少产品会采用这个方式。

常见的场景包括：大公司对外免费开放一些通用的技术能力，用于培养产业生态；将某个行业已经成为标配的产品作为引流型产品免费开放，用以带动其他产品的收入；将产品拆分为多个版本，其中提供一个只具备基础功能的免费版本，用于带动产品其他版本的收入。

例如，百度面向行业免费提供语音技术（如图 7-2 所示），包括语音识别、语音合成等能力，其用意就在于通过这一免费技术聚拢开发者、培养生态，最后在应用层赚钱。

> **百度语音技术全系列永久免费，智能AI再度升级！**
>
> 夏洛夏洛
> 百家号 12-06 17:55
>
> 11月30日，在百度AI开发者实战营广州站中，百度宣布语音技术全系列接口永久免费开放，提供语音识别、语音合成、语音唤醒多平台SDK(软件开发工具包)，全方位支持开发者和合作伙伴。

图 7-2　百度免费开放语音技术

2．项目制收费

项目制收费是和免费相对的另一个极端。它不按通常的使用时间、调用次数等进行计费，而是根据项目整体需求，综合人力成本、软硬件成本等要素进行综合评估费用，进行整体报价。一般常见于定制化的大项目，非标准化的产品形态。

3．按使用时间计费

这是非常容易理解的计费方式。提供服务时间长就收费多，时间短就收费少。以软件售卖为例，以前卖软件是一锤子买卖，卖的是 license，给钱就可以永久使用软件。现在不一样了，卖 SaaS 服务，按时间计费，到期需要再付费才能继续使用。

例如，Office365 按年计费（如图 7-3 所示），花费 399 元可以使用 Office365 个人版本一年，到期后再续费。

图 7-3 Office365 的定价采用了按使用时间计费

按照使用时间计费是最基本的、最常用的计费模式。尤其在 SaaS 领域，其本质是续约，就是按年来付费，然后引导客户续购。同时，这种模式还要建立客户成功部来服务好客户，引导客户续约。

4．按使用者人数计费

工具型产品喜欢按使用者人数计费。工具型产品一般提供给企业，供企业内部的员工使用。这时候，我们把自己的产品划分为几类，提供专门针对企业的版本，按照企业内部使用产品的人数来计费。

例如，有道云笔记的企业版产品，采用了按使用者人数计费的维度（如图 7-4 所示）。客户公司的员工人数越多，单价越低，最后形成整体报价。总体上是以客户员工的人数为依据。其背后的支撑要素在于有道云笔记属于效率提升型产品，为客户公司带来的价值（办公与协作效率的提升）与员工使用人数严格成正比。

图 7-4 有道云笔记采用了按使用者人数计费的模式

第 7 章 To B 商业化前的准备

5. 按调用量计费

按调用量计费适用于预先不知道客户会使用多少服务，只有用过之后，才知道用了多少服务的场景。按调用量计费的商业逻辑在于，客户每调用一次就会收获一次价值，客户价值和调用次数严格正相关。同时，客户每调用一次，我们的软硬件就会被消耗一次，我们的成本也和调用量成正相关。

下面举两个按调用量计费的场景案例。

（1）按照 API 调用量计费。客户调用 API，给每次调用定一个单价，当一个月后（也可能按天、周、季度、年），统计请求了多少次，可以按请求 API 次数来计费。

例如，阿里云提供的内容安全服务，客户拿自己的图片来调用 API 请求检测是否是色情图片，服务端返回检测结果。如图 7-5 所示，这项产品就采用了按调用量计费的模式，每日请求量在 0~5000 次的范围内，国内来源的每千次请求收费是 1.8 元。请求多收费多，请求量级大的话，就调低单价，但本身其按调用量付费的逻辑是不变的。

服务费用细则

扫描量（张/日）	档位	单价（元/千张）（国内）	单价（元/千张）（海外）
>0	A	1.80	3.25
>5000	B	1.62	2.93
>50000	C	1.53	2.77
>130000	D	1.44	2.60
>260000	E	1.35	2.45
>850000	F	1.26	2.28

图 7-5　阿里云的产品采用了按调用量计费

（2）按照 DAU（Daily Active User，日活跃用户数）来计费。和前面提到的按人数计费不同，这里的按用户数量计费，属于预先不知道用户人数的情况。

举例：客户的某项 APP 接入了 SDK，我们就按照 APP 的 DAU 多少来计费，DAU 高，消耗服务器资源就多，就多收费。客户也乐于使用这种计费方式，毕竟 DAU 高了之后赚钱多，客户即使多付费也开心。

按量计费的本质：请求量的多少与我们的服务成本成正比，是对服务资源消耗的一种衡量。

具体到付费时间，按量计费一般采用先使用后付费的方式：按量计费的缺点就是事先不知道用户会用多少。因为这个消耗是不确定的，所以只能用户先使用，用完了再统计使用量，然后计算费用，最后再付费，这是最自然的一种方式。

如果想要事前拿到收入，怎么办？提供套餐包可以保证先拿到钱：我们当然希望用户先交钱，我们再交货了。所以，想要提前让用户付钱，可以提前猜测用户大概使用多少，为用户定一个套餐。多少钱包多少量，先付费，后使用，跟中国的各大电信运营商的流量包是一个道理。

6. 按服务差异计费

许多服务都会提供不同的版本、不同的服务，面向不同的用户，当然这些服务也有不同的价格。

这些产品往往会有不同的名字：免费版、个人版、团队版、专业版、企业版、旗舰版，等等。

例如，销售易旗下的某款 To B 产品提供了专业版、企业版、旗舰版、无限版 4 个版本，每个版本的定价也不相同（如图 7-6 所示）。

图 7-6　销售易的不同产品版本

可以看到，计费的本质就是单价×数量。人数、时间、调用次数都是"数量"，用于衡量客户使用服务的多少。而不同的版本，代表了不同的服务内容，它影响的是"单价"。对于免费的产品，它是一个极端，在本质上是"单价"等于 0。对于项目制的产品，它是另一个极端，它涵盖的能力项太多、成本项太多，本质是对多种项目"单价×数量"的综合性考量和一次性报价。

7.1.3 完备的思考

1. 关于商业模式

在为产品定价之前需要先厘清产品的商业模式。商业模式画布是一个简单有效的工具，由亚历山大·奥斯特瓦德在其著作《商业模式新生代》中提出。

商业模式画布系统性地整理了在建立商业模型过程中需要分析的 9 个模块。

① 客户群体

② 客户关系

③ 渠道通路

④ 核心资源

⑤ 关键业务

⑥ 价值服务

⑦ 重要伙伴

⑧ 成本结构

⑨ 收入来源

我们可以通过商业模式画布更容易地建立自己的商业模式。如图 7-7 所示，这 9 个模块可以通过"知己"（从自身角度分析）和"知彼"（从客户角度分析）

两个维度来理解。

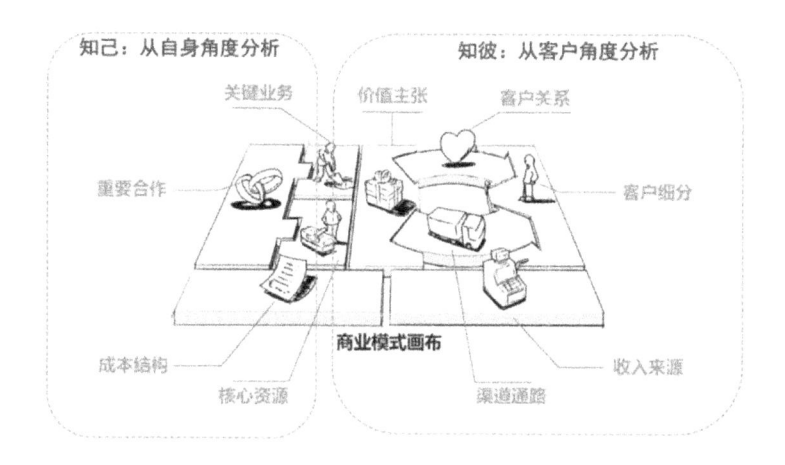

图 7-7　商业模式画布

从"知己"的维度进行思考。

① 核心资源：我们有技术、人才、人脉、牌照、资本等核心的资源吗？

② 关键业务：做什么业务来为客户提供价值呢？做平台，做 APP？

③ 重要合作：我们需要哪些重要的合作伙伴一起做事呢？

④ 成本结构：我们在做事的过程中有哪些成本开支，占比是多少？

从"知彼"的维度进行思考。

① 客户细分：我们的产品面向哪些客户？

② 价值主张：我们能给客户带来什么价值？

③ 渠道通路：我们通过什么渠道为客户带来价值？

④ 客户关系：我们如何与客户建立这种商业关系？

⑤ 收入来源：我们怎么获取商业收益？

2. 关于付费节点

根据付费的时间节点，可以分为预付费和后付费两种。

预付费针对可以提前确认费用的场景，比如：采购云服务器、采购某项固定的 SaaS 服务。在这些场景下，资源消耗都是固定的，费用也是固定的，所以可以提前付费。

腾讯云对预付费的定义，"预付费购买，一般为包年/包月的购买形式。用户根据自身对云资源的使用需求，一次性支付一个月、多个月或多年的费用，在支付成功后，云资源将被系统分配给用户使用，直至到期后用户未继续续费而被回收。"

后付费针对不能提前确认费用的场景，比如：内容安全检测、黑产防刷等产品，只有最后结算的时候才会知道被调用了多少次，消耗了多少资源，所以适合后付费。

腾讯云对后付费的定义，"先按需申请资源使用，在结算时按实际资源使用量收取费用。后付费根据资源的结算周期进行结算。一般后付费的结算周期有小时/日/月等，在达到结算周期时生成账单，执行扣款。"

需要说明的是，预付费和后付费不是一成不变的。

① 适合预付费的产品也可以后付费：把固定的提前付费的费用调整为事后再付费，本身不是难事。

② 适合后付费的产品也可以预付费：比如内容安全产品，虽然需要一个月后计算调用次数再收费，但也可以前期出售套餐流量包，这样，后付费就转变为预付费了。

③ 预付费与后付费相结合：比如综合性的项目，前期需要支付明确的 300 万元项目部署费用，然后后续再按月根据调用量进行结算。这就是预付费和后付费相结合的场景。

3．关于业务支撑

对于 To B 产品经理而言，不仅要考虑定价与计费的设计，还要从业务角度考虑，通过产品化为上层业务提供支撑。

例如，需要考虑的策划内容如下。

（1）发票：客户在平台上支付后，一般都会索要发票，可以通过产品化形态让客户自助申请发票。

（2）企业认证：无论出于对企业客户身份认证的需要，还是出于开发票等系统流程业务的需要，都要求平台具备企业认证的能力。

（3）商品中心与支付流程的建设。

7.1.4 一个定价案例分析

在实际的定价场景中，我们选择的定价策略是综合性的，计费方式也是综合性的，同时还会结合营销的思路在里面。

下面的这个案例就包含了营销的思路，同时也采用了预付费+后付费的综合模式。

案例：阿里云的内容安全产品定价体系

截至 2020 年 6 月，阿里云的内容安全产品在国内市场中占比第一，该产品建立了一套完善的价格体系。下面以其中的"图片智能鉴黄"子产品为例，对其价格体系进行说明。图 7-8 为阿里云内容安全产品介绍。

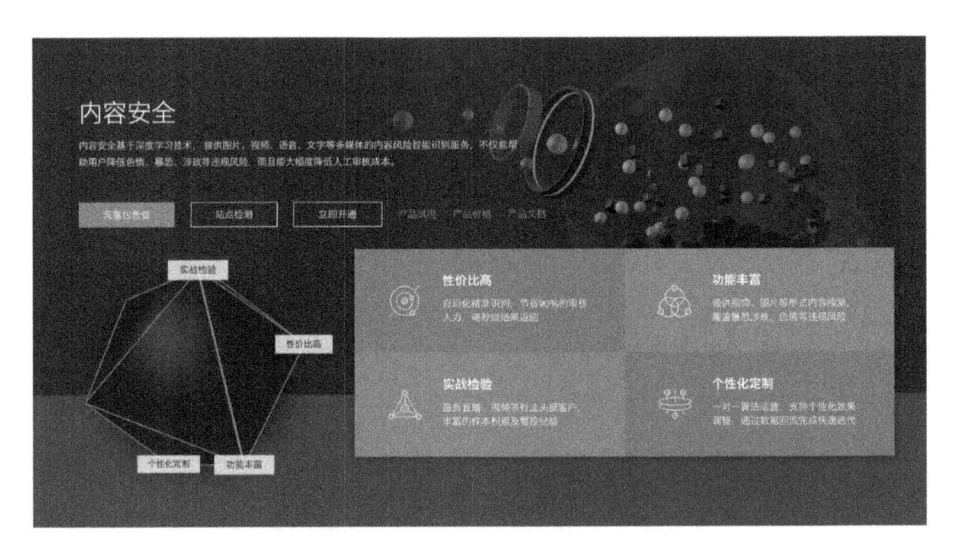

图 7-8 阿里云内容安全产品

整个价格体系，分为三个层级，从底层往上层分别为：第一层，基础套餐包；第二层，流量加油包；第三层，按量计费。

第一层：基础套餐包

图 7-9 描述了基础套餐包的计费标准。阿里云首先为客户提供一个单价最低的模式——流量套餐包。该套餐包以年为单位，每个月免费提供一定数量的请求量，用不完不退费，用完后再购买流量加油包。

基础包价格

基础包规格	9万张（条）/月	150万张（条）/月	450万张（条）/月	1500万张（条）/月
价格	1680元	22800元	59800元	168000元

图 7-9 基础套餐包

这种模式的单价区间在 0.93 元/千条 ~ 1.55 元/千条，折算下来是非常便宜的。对客户来说，购买这个套餐是最划算的。

这是营销的第一步。

第二层：流量加油包

有了上面的基础套餐包，用户每个月的请求量很有可能会超出基础套餐包的上限，超出之后会为客户提供流量加油包。图 7-10 描述了流量加油包的价格。

流量包价格

按量加油包大小	50万张图片（条文本）	300万张图片（条文本）	500万张图片（条文本）	1000万张图片（条文本）	1亿张图片（条文本）	5亿张图片（条文本）
价格	810元	4590元	7200元	13500元	126000元	540000元

图 7-10　流量加油包

流量加油包是一个××元钱包含××请求量的概念。例如，810 元购买 50 万次请求量，它没有每月必须用完的限制，一般是一年内用完就可以，而基础套餐包当月用不完就过期。当基础套餐包不够用的时候，就可以扣流量加油包的次数。

流量加油包折算下来的单价区间在 1.08 元/千条 ~ 1.62 元/千条。这个价格比基础套餐包要贵一点，但比第三层的按量计费要便宜。

这是营销的第二步。

第三层：按量计费

客户把前面的两种套餐模式都用过了，还是会超出怎么办？超出的部分就单独按量计费。图 7-11 描述了按量计费的价格。

服务费用细则

扫稿量（张/日）	档位	算法确定部分(ConfirmCount)单价（元/千张）	待用户确认部分(ReviewCount)单价（元/千张）
>0	A	1.80	0.45
>5000	B	1.62	0.41
>50000	C	1.53	0.38
>130000	D	1.44	0.36
>260000	E	1.35	0.34
>850000	F	1.26	0.32

图 7-11　按量计费模式

按量计费的单价是最贵的，折算下来单价区间在 1.26 元/千条～1.80 元/千条。当前面两种模式都超出后，就按第三层模式计费。

当客户既采购了基础套餐包，又采购了流量加油包的时候，扣费的顺序是：基础套餐→流量加油包→按量计费。

需要说明的是，这里对其计费模式做了简化处理。在实际的价格体系中，针对国内和海外地区还有不同的系数，这里一律做了简化。同时，我们还发现，即使价格体系分了三层，但在每一层中，还有自己的阶梯价格，也就是包含了阶梯计费的思想。所以，一套完善的价格体系是非常复杂的。

讲到这里，还记得国内的电信运营商为客户提供的形形色色的流量套餐吗？电信公司提供了基础流量套餐、流量包、加油包、夜间包、假期包、异地包等产品策略，供用户选择使用，目的就是为了获得收入的最大化。其本质和核心，与上面的价格体系是一脉相承的。

7.2 To B 产品应该免费吗

To B 产品都是为了从企业客户身上赚钱，而且产品免费会带来一系列的问题，所以 To B 产品不提倡免费。

7.2.1 哪些场景可以免费

To B 产品不提倡免费，如果一定要免费，也是要有目的、有区分的，而非纯粹免费。比如，可以在以下场景下免费。

① 免费试用期：对于标准化的产品，可以为客户提供 1～2 周的免费试用期，或者提供一定数量的免费服务请求次数，在帮助客户体验产品效果之后，引导其购买服务。

② 基础功能免费：为客户提供基础版、企业版、旗舰版等多个版本，将只具备少量功能的版本免费对外开放，先让更多客户用上免费版，进入我们的"盘子"，在客户发现免费功能不够用的时候，再引导他们转化为服务用户。

③ 对小团队免费：对于团队人数在一定范围内的小团队免费，团队人数超过一定数量开始收费，让小团队先进入"盘子"，等他们成长起来、有了盈利能力之后再收费。

总体来说，免费策略都是为了未来的更多收费，前期需要做好限制条件，保证自己能在承受范围内（服务器资源及客户对接资源）开展免费营销策略。例如，腾讯在为腾讯会议做推广时（如图 7-12 所示），也明确了对 300 人以内的团队免费和疫情期间免费，并为后续的付费做好了准备。

图 7-12 腾讯会议在 2020 年疫情期间对外免费

7.2.2 为什么不提倡免费

既然免费可以带来大量客户，并且将他们转化为付费客户，对企业肯定有益，那为什么还不提倡免费呢？

主要原因如下。

① 软硬件成本压力：对于小公司而言，如果免费策略导致一段时间涌入大量客户，又无法带来营收的话，则可能会为公司带来较大的软硬件成本压力。

② 客户维护压力：短时间带来大量客户，公司人力维护得过来的吗？如果无法快速与客户建立联系，反而会导致客户不满而长期流失客户。

③ 带来非目标客户：当产品免费时，一些随着免费进来的客户反而不是我们的目标客户。他们并没有那么需要产品，只是过来试一试。公司将客户维护精力放在这上面反而耽误了维护核心目标客户的时间。

④ 目标客户不一定会被吸引来：从公司的角度，产品是免费的，从客户的角度，永远没有免费的产品。如果客户已经在用竞品的产品，一般不会因为你免费就马上投奔你，因为他们还有其他成本：新产品学习成本、新产品部署成本、内部审批决策成本、新产品带来的风险，等等。

⑤ 一旦免费后再收费将会变得困难：当客户习惯了免费产品后，后面再收费或者提价，客户继续使用产品的意愿就会下降。

所以，总体而言，产品的免费策略需要慎重考虑。即使为付费客户免费提供部分新功能，也建议描述为"为重点客户提供限时免费体验"，一是客户会因此而开心，二是避免未来收费的时候客户的反感。

再进一步扩展，即使产品要降价，也需要慎重，因为降价容易、提价难，提价的时候给客户带来的"反感"要远远大于降价的时候给客户带来的"快乐"。

7.3 To B的协议有哪些

在 To B 服务合作过程中，甲乙双方协商确认好各项相关协议，是合作建立与项目成功实施的基础。

7.3.1 协议的重要性

无论是 To C 产品还是 To B 产品，协议都是必不可少的。

在 To C 产品方面，以支付宝为例。如图 7-13 所示为支付宝与 C 端用户提前约定的服务协议截图。从中我们可以看出，支付宝明确说明了自己在发现交易有异常甚至是单方面怀疑交易有异常时，有权利在未通知用户的情况下，暂停用户对账户的使用。正是通过这样提前告之的详细约定，才能够让支付宝在处理金融类高风险业务时能够确保自身具备检测判断风险和主动处理的合法性。

图 7-13　支付宝用户服务协议条款

与传统 To C 互联网产品相比，To B 产品与服务所涉及的金额更大（可能是几十万元上百万元，甚至更多），服务的稳定性对合作双方的影响更大（例如：云端存储业务数据，一旦丢失，对客户的影响可能是致命的），因此提前约定好协议的意义更加重要。

如图 7-14 所示，国内知名云计算服务商七牛云在官网提供了各种各样的协议。

图 7-14　七牛云 To B 协议

尽管上文主要在提"用户服务协议",其实在 To B 领域中有多种协议类型,将在下一小节中进行说明。

To B 协议的重要性,至少体现在以下 3 方面的需求上。

(1)客户信任与客户权益保护的需求:在重要的商业合作中提前约定协议,可以在出现服务异常或商业纠纷时保护客户的合作权益,与此同时,服务协议本身就属于"我们不希望发生,但发生时会一直存在"的这么一种产物,提前约定协议本身就可以增强客户信任度,促成合作。

(2)To B 企业自身权益保护的需求。

(3)各类法律法规的监管需求。

7.3.2 To B 服务中的协议概览

在 To B 服务中,用户服务协议、数据隐私协议、服务等级协议是最常见的几种协议类型。

不同协议各自的特点如下。

(1)用户服务协议:也称为"用户协议""平台服务协议"等。该协议是最为基础和常见的,一般是基于整个服务平台,对整体服务层面甲乙双方需要在合作之前事先阐明的权利、义务、数据、风险、收费、协议更新、服务终止等内容进行整体性的描述。

(2)数据隐私协议:也称为"用户隐私协议""隐私政策"等。该协议针对用户数据隐私,对收集哪些数据、数据怎么处理、数据怎么存储、甲乙双方关于数据的权利和义务等进行事先约定。数据隐私协议大多数时候会单独拟定,作为对用户服务协议的补充。为了简便,在少数情况下数据隐私协议会包含在用户服务协议中,这时候往往会采用 "用户服务协议及隐私政策"等名称。

(3)服务等级协议:也称为"服务级别协议""服务水平协议""服务品质

协议"等，即我们常说的 SLA（Service Level Agreement）。该协议是指提供服务的企业与客户之间就服务的品质、水准、性能等方面所达成的双方共同认可的协议或契约。服务等级协议专门针对特定服务、特定合作，比用户服务协议更有针对性。

不同协议的应用场景说明。

（1）用户服务协议和数据隐私协议属于平台性或通用性的协议，属于平台必备的内容。客户在平台上操作或购买产品前都需要先同意该协议。在很多场景下，平台仅提供这两种协议，客户在官方平台直接购买产品就可以了。

（2）在通用的用户服务协议和数据隐私协议不能满足需求的情况下（比如：产品必须在品质、性能、稳定性等方面有明确的标准和保证，或者业务合作规模较大时），甲乙双方需要针对服务内容共同约定对应的服务等级协议，对服务的内容、要求、性能、稳定性等内容再做详细约定。

（3）对于规模较大的合作项目，需要甲乙双方签订正式的商业合作合同（会涵盖上述几种协议的内容）。

（4）对于规模较小的合作项目，许多时候只有用户服务协议和数据隐私协议就够了。但需要注意，依然会有许多客户公司无论合作规模大小（即使是费用不高的标准化服务），都要求签订正式合同，以适应其公司内部的采购要求。

7.3.3　服务等级协议

产品经理需要对服务等级协议的诞生背景和协议内容都要有了解，以下分两部分分别进行描述。

1．SLA的诞生背景

在了解服务等级协议的诞生背景前，需要先了解两个概念：ITSM（IT Service Management，IT 服务管理）和 ITIL（IT Infrastructure Library，IT 架构知识库）。

在 IT 服务诞生之初，为了更好地对 IT 服务进行管理，有人提出了 IT 服务管理（ITSM）的概念。其核心思想：IT 组织是 IT 服务的提供者，其主要工作是提供低成本、高质量的 IT 服务。

但归根结底，ITSM 只是一种思想，它并没有真正地与具体实践相结合。

在 20 世纪 80 年代，英国中央计算机与电信局（CCTA）发布了在后来被认为是 ITSM 最佳实践的 ITIL，即 IT 架构知识库。再后来，英国政府商务部（OGC，CCTA 于 2001 年并入了该机构）陆续发布了 ITIL 的多个版本，国际标准组织在 2005 年 12 月颁布的 IT 服务管理体系标准中将 ITIL 正式确定为 IT 服务管理的国际标准。

ITIL 将 IT 服务管理与现实场景相结合，建立了可落地实践的标准。ITIL 的整体框架如图 7-15 所示。

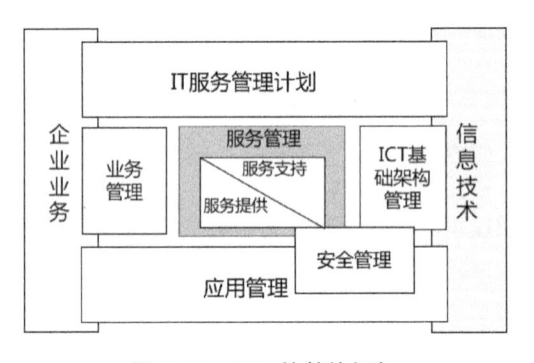

图 7-15 ITIL 的整体框架

从图 7-15 可以看出，ITIL 包含多个模块，服务提供和服务支持是最核心的模块。服务提供由服务等级管理、IT 服务财务管理、IT 服务持续性管理、可用性管理和能力管理 5 个流程组成。服务支持由事故管理、问题管理、配置管理、变更管理和发布管理 5 个流程及服务台职能组成。

可见，SLA 即来源于 ITIL 的服务提供模块。

SLA、ITSM、ITIL 的关系：ITSM 是一种 IT 服务管理的思想，ITIL 是对 ITSM 的最佳实践，SLA 是 ITIL 框架中的服务提供模块中的一部分。

尽管 ITSM、ITIL 最早出现在 20 世纪，到现在感觉有点久远，但 IT 服务管理的思想其实尚未过时，它仅是随着 IT 发展场景的不同而迭代变化。熟悉 ITSM 和 ITIL 的思想，对目前从事 To B 业务的产品经理而言依然非常有意义。

关于 ITSM，建议阅读《IT 服务管理：概念、理解与实施》一书进行详细了解。

2．SLA 的内容

SLA 是 IT 服务提供商与其客户之间的一种书面协议，规定了服务需要达成的主要目标和双方具体的责任，是最有效的服务衡量考核工具。

一份完备的服务等级协议大致包含以下内容。

① 服务概述和业务关键流程描述。

② 有效期限和服务等级协议变更控制机制。

③ 授权协议的细节信息。

④ 双方沟通的渠道、方式以及检查汇报形式的描述。

⑤ 服务时间、服务进度计划。

⑥ 客户的责任。

⑦ 服务提供商的责任和义务。

⑧ 财务信息，比如相关费用的记账方式。

⑨ 术语表解释。

⑩ 服务要达到的目标，比如响应时间、可靠性和可用性等。

⑪ "意外"的定义及故障的恢复。

关于服务等级协议的内容要点，可以阅读上面提到的两本书进行详细了解。

SLA 的撰写因合作业务规模与场景不同而不同，具体如下。

（1）在公司高层参与的大规模合作中，SLA 中的每个细节都需要经过谈判、双方同意后并录在案，最终由双方管理层确认。

（2）在目前许多云厂商提供的标准化服务中，因为服务比较标准化，平台一般会直接提供默认的提前拟定好的标准化 SLA，不需甲乙双方再额外拟定。

（3）在更小的一些产品中，甚至没有单独的 SLA，关于服务的一些约定直接写在用户服务协议中。

7.4 写一份严谨的协议

在许多时候，协议的筹备工作需要由产品经理来完成。对于标准化的产品可以提前整理好相关协议然后挂在官方网站长期复用，对于非标准化的产品需要每次根据项目定制化撰写协议。

那么怎样撰写一份协议呢？以下从"写什么"和"怎么写"两个环节进行说明。服务等级协议因为产品的不同而差异非常大，所以我们以通用的用户服务协议为例来做介绍。

7.4.1 用户服务协议：写什么

用户服务协议可以用来明确我们的产品和用户各自的权利和义务，明确哪些事情该做，哪些事情不该做，并且明确指出在出现问题之后该怎么办。

用户服务协议作为一项广泛意义上的约定协议，在各行各业都存在，所以其具有比较标准的写作规范和模板，拥有比较明确的基本格式和约定。

从产品经理的角度，我们可以把用户服务协议划分为以下几个部分。

（1）协议的基本内容

基本内容是一份协议所必须具备的，至少需要明确以下基本内容。

① 协议适用的主体和对象，一是产品所属的公司或法律实体，二是客户。

② 协议与其他协议的关系，有无其他相关的协议，要说明白协议之间的关系。

③ 协议的签订地，例如：北京市。

④ 协议的适用地区，例如：中华人民共和国大陆地区。

（2）服务的基本信息

在整个协议中，贯穿始终的是提供的产品或服务。需要至少明确以下基本信息。

① 产品或服务的基本内容，为用户提供的服务需要描述清楚。

② 产品或服务的形式，一般有硬件、软件、平台。

③ 产品的服务允许范围，可能包括允许用户登录使用平台、允许用户查看报告、允许用户阅读内容，等等。

（3）免责条款

免责条款对于 To B 产品来说非常重要，需要产品经理全面考虑应用场景，写清楚可能的风险。以软件服务类产品为例，至少需要包含以下内容。

① 软件更新的免责。例如本产品有权利不通知用户就更新产品。

② 信息收集的免责。例如本产品可能会收集用户信息，在使用产品前需要首先获取用户的同意，如果用户不同意，那么就不能使用该产品。

③ 稳定性的免责。例如本产品作为组件，对您的产品稳定性可能造成影响，请仔细确认，避免责任。

④ 不可控因素的免责。天灾等对产品或服务造成的影响，也需要免责。

（4）协议范围与关联协议

对于不只有一款产品的公司，可能涉及的协议比较多，所以必须有针对性的说明，可能包括以下内容。

① 确定有没有更上一层的通用协议，以及与本协议的关系。

② 如果是一份平台协议，那么需要确认有没有针对平台上的单项产品或者功能点的协议，以及它们与本协议的关系。

③ 确认产品有没有使用第三方组件，以及与本协议的关系。确认用户是否需要遵循第三方协议。

（5）个人隐私约定

用户的隐私权非常重要，需要单独列出来做详细说明。至少包括以下内容。

① 对用户的账号、密码、身份信息等内容进行严格保密。

② 对用户在本平台的相关数据进行严格保密。

在用户服务协议中一般会放比较通用的、宽泛的隐私说明，更细致的隐私说明一般会放在数据隐私协议中。

（6）对用户的约束

用户有哪些事项是严格不能做的，也需要先明确写清楚。对于软件服务类产品，至少包括以下约束。

① 从产品安全使用的角度，用户不可以私自复制、破解、逆向、修改本产品，用户不可使用插件、外挂等。

② 从其他用户的安全角度，用户不可盗取、泄露他人用户的隐私数据等。

③ 从社会安全的角度,用户不可以在本平台发布涉及色情、危害公共安全、危害国家统一等的内容。

④ 从产品版权角度,用户不可以私自使用属于本平台版权的内容进行盈利行为。

(7) 关于付费

对于 To B 产品而言,有的服务属于免费项,但大部分服务都属于付费项。所以,对于付费内容和付费过程中可能涉及的异常情况及纠纷,也都必须做出明确说明。其可能包含以下信息。

① 用户如果没有付费想使用付费产品怎么办?

② 用户付费失败怎么办?

③ 用户付费的产品到期怎么办?

(8) 违约处理

需要事先明确如果用户没有按照约定使用产品,将会带来怎样的后果,这项内容必须事先进行明确。

比如,对违约用户的处理:可以单方面冻结用户账户财产。如果没有这项约定,公司是绝不可能也无权去冻结用户财产的。

再比如,若用户违约,公司有权关闭账号、删除资料等。

此外,还需要进一步明确用户应该严格遵守的约定,如果违约,需要严格承担的法律责任等。

以上从 8 个角度对用户服务协议涉及的重要内容进行了整理。

除了基本信息之外,其他内容都涉及产品的基本原理、使用场景,这些内容是产品经理最熟悉的,需要产品经理好好掌握。

7.4.2 用户服务协议:怎么写

经过上面的分析,我们已经明确了"写什么"的问题。接下来,具体到实施阶段,应该怎么写?可以分为三个步骤(如图 7-16 所示)。

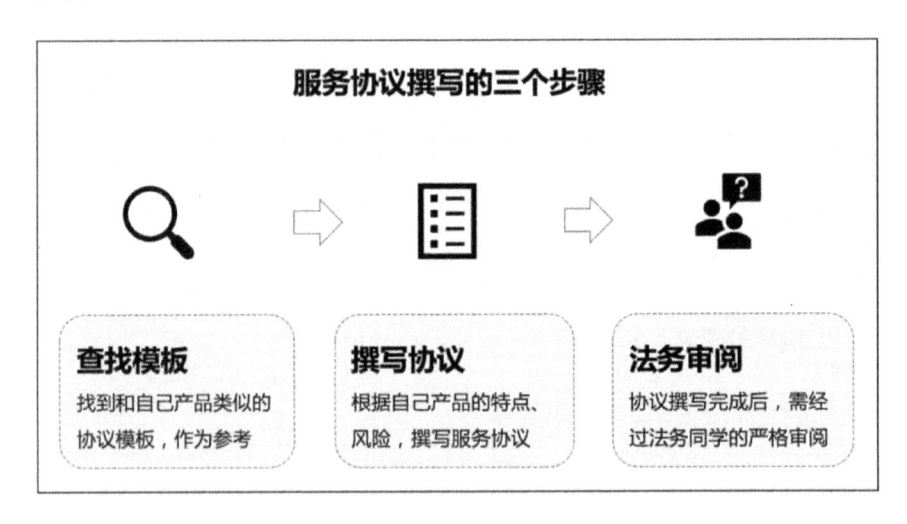

图 7-16 服务协议撰写的三个步骤

第一步:查找模板,找同类产品的协议进行参考。

对于产品经理而言,没有必要完全重新起草一份服务协议。

这时候参考同类产品的服务协议就事半功倍。例如,平台类产品可以找平台类服务协议作为参考,内容类产品可以找内容类服务协议作为参考。

这样做的原因:一方面是同类产品的服务协议内容基本相似,只需要针对我们自己的产品进行重点整理即可;另一方面,其他的服务协议已经经过详细的考虑,可以避免漏掉某些重要内容。

第二步：撰写协议，针对自己的产品，严格书写相关协议条款。

有了可参考的协议，再来整理自己的服务协议就会方便很多。在这个过程中需要注意两点：第一，需要全面而严谨地考虑，避免落下重要的内容；第二，措辞严谨，描述清楚，避免产生歧义。

第三步：法务审阅，请法务人员帮忙查看。

在撰写协议的过程中或者撰写完成后，需要与法务人员及时交流。请法务人员从法律的角度进行综合考虑，查看有无遗漏重要的条款内容，查看措辞是否准确严谨。

第 8 章

To B 商业运营流程

对于 To B 企业而言,获客最好的方式即内容营销和会议营销。

——Salesforce 创始人 Benioff

在众多产品经理类型中,To B 产品经理是最需要懂得商业运营流程的。因为大部分需求都来源于客户,大部分需求的价值都要在客户的合作中挖掘,所以 To B 产品经理需要对整体商务运营流程都有所了解。

To B 商业运营流程深刻而复杂,任何一个模块都有自己的详细方法体系,例如市场同事负责的会议承办、商务同事负责的商业思路与打法,等等。产品经理不需要对每一个模块都有深入的理解,但需要从产品的视角对这些内容有所认知,方便工作开展。

8.1　To B 商业运营流程

To B 商业运营流程涉及的内容很多，这里从产品经理的视角对主要的内容进行串联，如图 8-1 所示。

阶段	1.走出去	2.引进来	3.留下来	4.再拓展
关键词	宣传推广	商务拓展	日常运营	客户关系
内容	① 材料准备 ② 产品培训 ③ 宣传推广	① 寻找目标 ② 制定策略 ③ 试用购买	① 日常运营 ② 问题处理 ③ 客户调研	① 客户维护 ② 客户成功 ③ 商业思考

图 8-1　To B 商业运营流程

笔者将主脉络划分为 4 个阶段：走出去、引进来、留下来、再拓展。

（1）走出去：在产品建设好之后，进行商业拓展之前，需要先把各项准备工作做好，然后面向市场去做宣传拓展，走出第一步。

（2）引进来：在市场中，寻找目标与线索，制定策略与客户建立对接，引导客户试用和购买，把商业合作建立起来。

（3）留下来：在与客户建立合作之后，需要持续运营，对客户反馈的问题进行及时响应和处理。在运营过程中还需要进行持续的客户调研与访谈，倾听客户心声，挖掘客户需求。

（4）再拓展：在已有的客户合作规模的基础上，需要对客户关系进行维护，助力客户成功，同时对商业价值和商业模式进行反思，持续迭代并创造更多商业价值。

以上 4 个阶段可以形成正向循环，每一项新迭代、新功能、新产品、新服务的诞生，都将成为一个驱动点，驱动不断运转的商业运营。

8.1.1 走出去：做好准备，推向市场

产品功能建设的完成，并非 To B 产品经理工作的终点，而是一个新的起点。这时候产品经理主要负责做好各项准备工作，保障产品能够被顺利推向市场，推向客户。

我们从下面三个环节将相关内容进行串联。

1．材料准备

产品上线前后，需要将一些重要的文档材料准备妥当，方便后续对外推广与客户使用。这些是产品经理的重要工作。材料包括以下内容。

（1）产品介绍材料：需要能够用通俗易懂的方式讲明白产品解决什么问题、产品的原理、产品的应用场景、产品能为客户带来哪些收益、产品和竞品对比有什么特色、产品的基本使用方式，等等。产品介绍材料需要书面化、商业化，能够在商业合作中被直接使用。

（2）产品使用手册：也包括产品接入教程、产品操作指引、控制台使用手册等。需要在客户准备使用服务的过程中为客户带来指引，引导客户成功使用产品。

（3）产品培训材料：产品对外推广之前，产品经理需要准备培训材料，为售前、售后、商务等同事进行培训，方便他们更好地将产品推广出去。

（4）其他材料：宣传文案、FAQ（Frequently Asked Questions，常见问题解答）、用户服务协议、SLA，等等。

2．产品培训

至少对以下三类同事做培训或宣导。

（1）商务同事：重点宣导产品的定位、特色、和竞品对比的优势、应用场景、定价方式、适合的客户类型等内容，让他们能够将产品成功推介给客户。

（2）售前支持同事：重点宣导产品的定位、功能、原理、特色、优势、使用步骤、使用注意事项、是否有依赖项等内容，让他们能够成功引导客户试用。

（3）售后支持同事：重点宣导客户可能有的疑问、产品在应用过程中可能存在的问题、问题分类及优先级、问题处理方式、重点收集客户哪些诉求等，让他们能够为客户合作提供良好支持。

3. 宣传推广

宣传推广是让产品"走出去"的关键一步。既包括 PR 宣传、SEM 宣传等线上方式，也包括行业分享、沙龙、闭门会等线下方式。这些内容将在 8.2 节中做详细介绍。

8.1.2 引进来：商业拓展，建立合作

前期准备工作完毕后，就需要做商业拓展，寻找目标客户，采取策略触达客户，引导客户进行试用和购买。这些工作主要由商务同事、架构师、售前同事来完成。

我们从下面三个环节将相关内容进行串联。

1. 寻找目标

需要圈定目标客户的行业，然后对行业客户进行分类，从 SVIP（Super Very Important Person）客户、KA（Key Account）客户、SMB（Small and Middle Business）客户、个人客户等维度进行区分，采取不同的方式进行商业拓展。在第 8.4.1 节对客户类型进行了详细的描述。

2. 制定策略

根据不同的客户类型，可以采用电销、直销、KA 销售、渠道代理等方式

进行拓展。总之，需要采用不同的商务团队组织模式，去拓展不同类型的客户，最终引导客户试用和购买产品。8.4.1 节对商务团队组织模式进行了详细的描述。

3. 试用购买

客户有合作意向之后，需要引导客户进行试用，进行 POC（Proof of Concept）测试。

POC 测试是电子工业领域中的一个名词，在大型电子项目中，都会进行前期的电子线路模拟与验证，甲方在该过程中对测试进行评估，有权选择不继续合作或寻找其他乙方。这一过程便被称为 POC 测试。目前在 To B 合作领域中，大大小小的项目也都开始沿用 POC 测试这一称呼。

引导 POC 测试的工作要点在于，能够让客户在试用过程中真正感知产品的价值，同时又打消对方的疑虑。

例如，一家拥有直播 APP 产品的客户在试用 APP 内的语音通信组件产品时，售前同事需要引导客户成功接入，然后体验通信组件流量的通话效果（感知价值），同时又能了解组件流量消耗小、性能影响低、兼容性强等特点（打消疑虑）。客户在感知产品价值的同时，也打消了疑虑，购买产品便是自然而然的事情了。

在购买阶段，可以采用线上购买和线下合同的方式，线上购买适用于轻量的、金额不大的 SaaS 服务，线下合同则适用于金额较大的合作项目。大部分客户都会在购买后索要发票，所以需要提前在内部把对应流程打通。

8.1.3 留下来：持续运营，倾听客户

在合作建立起来之后，就进入后续的长期运营阶段。这个阶段的主要目标在于为客户长期稳定使用产品提供支持和帮助，对反馈的各类问题及时对接，同时需要有意识地倾听客户声音（抱怨、支持、建议、需求等）。这些工作主要由售后支持人员和产品经理来完成。

我们通过以下三个环节将相关内容进行串联。

1. 日常运营

在日常运营过程中，首先需要有微信群、QQ 群等渠道进行日常的沟通，用来对不需要紧急处理的问题进行支持。对于紧急问题则需要及时电话沟通。再进一步，对于私有化部署的方案问题则需要上门拜访和支持。

2. 问题处理

客户反馈的问题一般可以分为以下几类，可以采取不同的思路进行处理。

（1）产品咨询类：这类问题一般可以快速答复，同时可以引导客户阅读提前准备好的产品手册、FAQ、使用教程等，以提高反馈效率。

（2）技术支持类：这类问题可以首先由一般售后支持同事进行初步对接，如果确实涉及原理分析、方案建设才能解决的问题，则需要内部技术专家的进一步支持。

（3）严重事故类：这类问题包括服务器不可用、自身组件导致客户产品出现 crash、方案问题导致客户数据丢失，等等。这类问题需要保持 7×24 小时最高优先级支持，及时引入技术专家排查和解决问题。需要强调的是，这类问题不仅要依靠客户发现，更要在平时引入监控机制，对自身服务可用性及方案稳定性问题做到及时发现、及时告警、及时处理，尽量减少不良影响。

总体而言，对于运营发现的问题要归类整理，建立定期复盘机制，共性的问题统一排期解决，推动公共服务能力的更新，为后续更高效的服务客户打好基础。

3. 客户调研

合作客户是重要的宝藏。在售后支持的过程中，除了被动的响应和处理客户问题之外，更重要的是可以有针对性地约客户进行访谈和调研，访谈可以由 To B 产品经理和售后人员共同参与。访谈调研可以有意识地从以下三个方面着手。

（1）倾听建议：了解客户在使用产品过程中遇到的问题，在功能与交互上有哪些建议，在售后支持响应时间与服务效果上有哪些建议。在问题收集回来之后，可以有针对性地进行改进。例如：笔者在访谈中遇到客户反馈"对于新版本、新功能的变更希望能够及时告知到我们，方便我们做选择和处理，避免太被动"，这种建议是只有合作客户遇到痛点才会提出来，一定要认真倾听，然后改进优化体验。

（2）挖掘需求：已合作的客户是最了解产品的，他们在使用过程中产生的新需求，是重要的需求来源。我们需要把这些收集到需求池中，再根据客户反馈的频次与需求的质量，综合评估，为后续的版本规划甚至重大功能的规划提供支撑。有时候，在客户调研中发现的需求就足以找到一个新的、不同于竞品的差异化亮点。

（3）促进合作：在客户看来，深度访谈调研是对客户的一种重视。客户在购买 To B 产品后，购买的并不只是一个冷冰冰的功能，而是购买的服务和体验。所以良好的访谈调研可以提升客户对我们的认可度，对于后续的新项目合作及老项目续约都是助力。

8.1.4 再拓展：客户成功，正向循环

在通过筹备与宣传让产品"走出去"、商务拓展把客户"引进来"、业务运营让客户"留下来"三个环节之后，To B 产品经理还需要深入客户关系与商业模式的层面进行思考。

我们从下面三个方面将相关内容进行串联。

1. 客户维护

To B 业务的基础在于客户关系，良好的客户关系可以带来业务的续费和新业务的签约。

虽然客户关系维护是商务同事的重要工作，但其中涉及的不少工作也需要

To B 产品经理配合，所以 To B 产品经理需要对客户关系维护的方式有所了解。

（1）建立客户信息库：对客户的基本信息及合作情况进行记录，从潜在客户、成交客户、流失客户等客户生命周期的角度对客户进行分类；对客户的等级与价值进行评估，以客户信息库的形式为后续的工作做好参考和记录。

（2）拜访客户：对客户进行定期/不定期的拜访，了解需求，讲解方案，维系关系。

（3）沟通合作进展：对于较大合作项目，需要整理合作业务数据，从数据层面对服务效果及未来需求做出评估；对阶段性的合作进展进行上门沟通或电话交流，既能促进业务合作、挖掘新需求，又能让客户感到被重视。

（4）赠送节日礼盒：在过年过节时为客户赠送本公司的节日礼盒，是增进合作情感的一个小方法。

此外需要注意，客户关系维护是一项需要采用"八二法则"的工作，即 20% 的客户为企业带来 80% 的利润。

2. 客户成功

客户成功（Customer Success，简称 CS）是伴随着时代发展，在 SaaS 商业领域出现的一个新名词。据 CSA（Customer Success Association，客户成功协会组织）介绍，美国 Vantive 公司的 Marie Alexander 在 1996 年最早提出了客户成功的概念并组建了客户成功团队。

客户成功的本质是售后服务的升级，具体表现形式是在原有售后支持服务的基础上，建立专门的客户成功团队。客户成功团队不仅帮助客户使用产品，而且关注客户使用产品后在降本增效方面的收获，从而推进客户续约和更多的合作。

3. 商业思考

即使是专注于功能策划的 To B 产品经理也需要有商业化的思维，需要积累相关知识，在产品决策中做出面向市场和商业化的正确判断。

商业化需要丰富的知识积累，To B 产品经理有必要专门学习。这里仅列举两点必知的基础内容。

（1）评估商业模式是否可行

LTV/CAC 是一个 To B 商业领域重要的参数，尤其被投资人所看重，用来粗略评估一家公司的商业模式是否可行。

LTV，全称为 Life Time Value，即客户生命周期价值，指的是客户从合作开始到整个生命周期结束为企业带来的价值。

CAC，全称为 Customer Acquisition Cost，即客户获取成本，简称为获客成本，指的是获取单个客户的平均费用。

LTV/CAC 的计算思路意味着 To B 产品不能只看重客户首单的收入，要从长期来看客户为企业带来的总收入，只要 LTV 远大于 CAC，那么该商业模式就是可行的。

那么，LTV/CAC 等于多少才是合适的呢？一般认为，LTV/CAC 大于 3 才是可行的商业模式。在行业内有一些相关研究，例如，图 8-2 所示的 LTV/CAC 比值与商业模式可行性的关系，当 LTV/CAC 小于 1 时甚至会被称为"无利可图的死亡三角"。

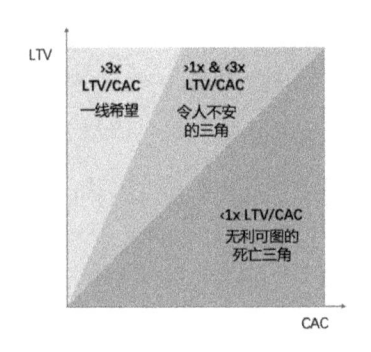

图 8-2 LTV/CAC 比值与商业可行性的关系

（2）评估商业模式是否可持续

在行业中目前已经逐渐形成一个共识：保持良好的续费率，是 To B 公司长期取得成功的关键。贝恩公司有研究表明，当客户留存率增加 5%时，企业利润可以增加 25%~95%。

在开拓市场的初始阶段，或许可以签约大量的新单，甚至可以保持较高的新单增长率，让公司看起来发展繁荣。但长期来看，获取新客户的成本是相对较高的，可能是引导一家老客户续费所花费成本的数倍之多。而且，市场规模就那么多，到发展后期新单的数量必然会逐渐下降。所以，老客户的价值就会不断被凸显，能够持续引导老客户续费或者签订新合作，是保证 To B 公司长久发展的核心。

To B 产品经理需要理解商业模式的可持续性，尤其在产品策划工作中可以做有针对性的思考。例如，通过解决老客户反馈的痛点问题、优化账号体系、优化管理端交互体验等方式，达到提升客户留存率和续费率的目标，为产品和公司的可持续发展做出贡献。

以上仅是 To B 商业化领域的入门知识，To B 产品经理可以向商务同事和市场同事多请教学习，也可以有目的地阅读相关入门书籍，例如可以从《商业模式新生代》中学习商业模式画布，对商业模式设计思路有更完整的了解。

8.2 宣传推广知多少

宣传推广在互联网领域是一项重要工作。在目标上，产品重在拉新（比如近年来流行的通过裂变取得爆发式的增长）。除了希望与客户建立合作之外，宣传推广更多在于提升品牌和影响力，从而间接地带来更多的合作。

To B 宣传推广工作，可以分为线上和线下两类。

8.2.1 线上宣传

1. SEM

SEM 是 Search Engine Marketing 的缩写，即搜索引擎营销，顾名思义就是利用搜索引擎来进行产品营销。广义上讲，一切通过搜索引擎来进行营销的行为都属于 SEM。通常的理解，提到 SEM 一般都指在搜索引擎购买关键词。

在 To C 领域中，从新浪等门户网站、到京东等电商平台、再到各类生活类网站，客户都要在搜索引擎购买关键词。在 To B 领域中也同样需要购买关键词，可以引导客户到自己的官方网站购买服务，更重要的是可以宣传品牌，与同类产品展开直接竞争。例如，如图 8-3 所示，在百度搜索"容器服务"会立马看到腾讯云、阿里云、Amazon 等厂商的广告。

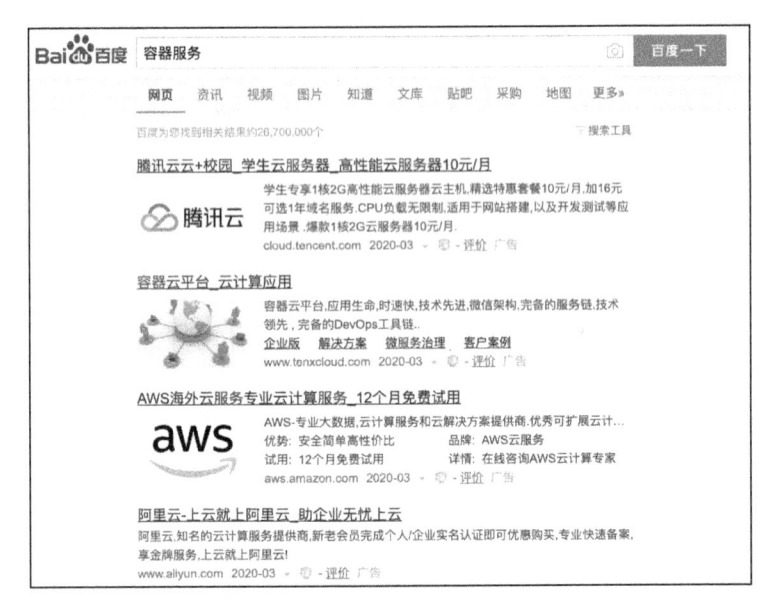

图 8-3 SEM 关键词购买示例

购买关键词的计费方式有：按点击付费（CPC，Cost Per Click）、按效果付费（CPA，Cost Per Action）、按千人效果付费（CPM，Cost Per Mille），等等。相关资料很多，读者可以自行查询。

根据笔者参与购买关键词的经验,既要精选和自己产品关联密切的关键词,又要保证关键词的数量足以保持覆盖面,同时还要适当与直接竞品的关键词做一些重合或规避策略。在一批关键词框架建设完成后,还要持续关注引流效果,并增减关键词以优化框架,在尽量少花钱的同时,保证好的效果。

2．SEO

SEO 是 Search Engine Optimization 的缩写,即搜索引擎优化,侧重于通过技术手段,研究搜索引擎排名机制方面的原理或漏洞,对网站进行技术优化,以提升网站在搜索引擎中的排名,从而使产品更容易被搜索到。本质上,SEO 是 SEM 的一部分。

SEO 的特点是成本低、见效慢。SEO 可以作为关键词购买的辅助手段。

3．EDM

EDM 是 Email Direct Marketing 的缩写,即电子邮件营销,是指企业向目标客户发送邮件,与客户建立沟通,宣传产品,提升销售效果和品牌知名度的一种营销手段。

在 To B 领域中,漫天撒网式地乱发邮件已经不再合适,这种邮件不仅会被当作垃圾邮件,而且还会降低品牌声誉。合适的方式是把通过会议、论坛、官网试用等方式积累对产品真正感兴趣的潜在客户作为收件人,通过 EDM 与客户展开交流。

4．PR宣传

PR 宣传,即我们常说的在网络上发布软文。对于 To B 产品而言,结合一些行业事件、成功的客户合作案例、品牌升级、重要产品功能发布等节点,对自家的品牌及产品进行附带性的宣传,可以起到较好的效果。

因为 PR 文章的内容本身具有垂直性,可以触达目标客户群体,而且有行业事件或客户案例加持,自然会提升品牌在客户心中的地位。

在媒体选择上，一些流量低的网站会打包销售，比如几百元就可以发布十篇文章；在一些流量特别大的垂直媒体（例如特定行业中粉丝超多的公众号）上发布一篇文章，就可能需要十几万元，甚至百万元。

公司中负责宣传推广的同事可以根据预算与 To B 产品经理商量选择合适的节点，在合适的渠道进行 PR 文章投放。

5．新媒体运营

在好一些的垂直媒体上买一篇软文的费用较高，许多公司选择专注运营自己的新媒体，包括公众号、头条、知乎等渠道。

通过持续撰写行业相关文章，积累核心目标粉丝，便可以将想要宣传的内容推向目标群体。此外，通过运营自己的渠道，后续的服务通知等内容也更容易推送给已有客户。

新媒体运营是一种性价比非常高的方式，To B 公司一般都会运营发展自己的新媒体渠道。

6．认证和专利申请

客户对 To B 产品特别看重"信任"二字，许多 To B 公司会采用认证申请、专利申请、合规申请的方式，得到政府机构、学术机构或行业内专业机构的认证，在面向客户推销产品时更容易体现自身产品的专业性，从而获得客户信任，促成合作。

例如，如图 8-4 所示，腾讯云在 2019 年宣传自己成为首批通过中国网络安全审查技术与认证中心（CCRC）开展的个人信息安全管理体系认证的云服务商。

再例如，在业务安全问题日渐突出的今天，风控安全领域发展迅猛，大量风控安全的 To B 产品诞生，当我们在专利系统中查询"风控方法"时，会看到大量公司已经针对"风控方法与装置"申请了专利，如图 8-5 所示。这样一来，既可以保证自己的核心算法不被侵权，又可以在行业中推销风控产品时占得先机，赢得信任。

图 8-4　腾讯云获得官方认证

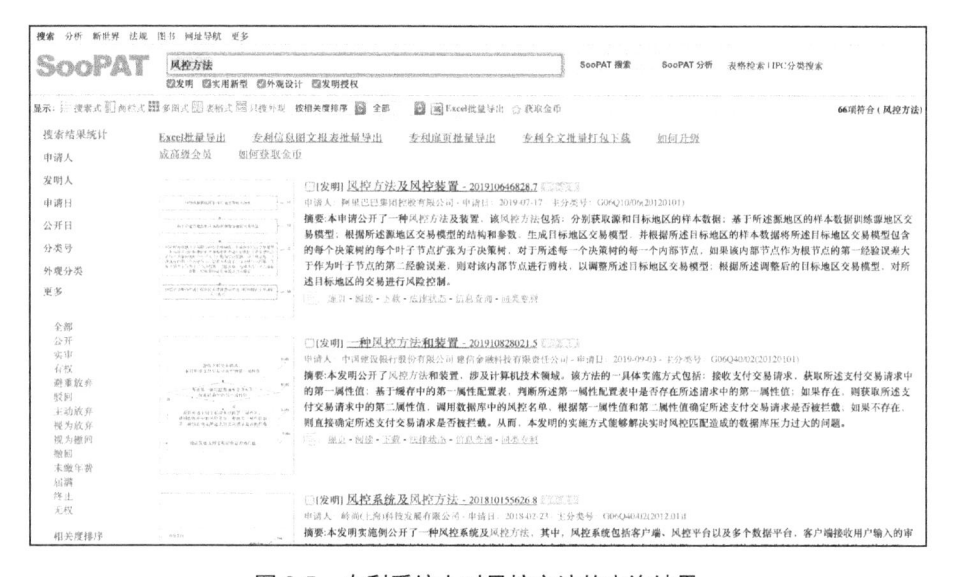

图 8-5　专利系统上对风控方法的查询结果

第 8 章　To B 商业运营流程　|　187

7. 其他

伴随着社会形态的不断发展，近年来许多 To B 产品的宣传也产生了新的花样。例如，某些 To B 公司会选择在微信朋友圈面向特定的用户群体做广告。如图 8-6 所示，某 To B 公司的朋友圈广告。

图 8-6 某 To B 公司的朋友圈广告

朋友圈广告有两个主要目的：第一，面向特定目标群体推送对方感兴趣的广告可能会带来线索，从而将线索转化成合作；第二，即使没有即时带来线索，也在目标群体中宣传了品牌，对后续的客户购买也会产生正向影响。

根据笔者经验，在这一过程中，选择精准的"用户包"作为推送目标是非常关键的。这些"用户包"可能包括特定地区的用户、某次大型垂直行业活动参与报名的人，等等。

再例如，近年来流行的私域流量也成为 To B 产品宣传的新方式。类似的新形式还有很多，这里不再额外举例。

8.2.2 线下宣传

1. 会议营销

会议营销是指通过寻找特定顾客，利用亲情服务和产品说明会的方式销售产品的销售方式。会议营销的实质是对目标顾客的锁定和开发,对顾客全方位输出企业形象和产品知识,以专家顾问的身份对意向顾客进行关怀和隐藏式销售。

To B 厂商可以选择自己举办会议(办会),可以去参加行业会议(参会),也可以选择赞助会议(获得演讲席位或品牌曝光机会)。

从形式上讲,会议包括行业知名的展销会、行业峰会、行业沙龙、面向特定客户的闭门会,等等。

例如,ChinaJoy 是国内游戏行业的大会,会议持续几天,包含 To C 展馆、To B 展馆、面向开发者的 CGDC(China Game Developers Conference,中国游戏开发者大会)专场等。游戏行业相关的 To B 服务提供商可以选择在 ChinaJoy 大会期间申请 To B 展台,可以选择申请演讲席位演讲(同时宣传产品)。如图 8-7 所示,CGDC 分享环节中演讲者向听众推荐自己用过的产品服务。

图 8-7 CGDC 分享环节

2. 线下品牌广告

线下品牌广告是 To B 产品的重要宣传形式,尤其在一些特定的行业大会上,许多 To B 公司会投入一部分预算用来赞助会议,从而在大会上露出品牌 Logo。此外,在机场等位置的一些大屏广告中也充满 To B 公司的身影。例如,

图 8-8 是腾讯云在深圳宝安机场做的品牌广告。

图 8-8　腾讯云在深圳宝安机场做的品牌广告

3．打造标杆客户

在线下工作中，并不一定只是做品牌宣传。在线下与客户合作的过程中，将一些客户有目的地打造成标杆客户，建立口碑传播。一传十、十传百是最好的宣传方式。

4．活动赞助

在一些政府或行业机构组织的大型活动中，申请成为专门的赞助商，通过这样的官方背书形式，既可以提升品牌知名度，也可以提升在行业客户中的信任度。对于一些面向政府的 To G 类产品，还可以通过赞助官方活动与政府建立起紧密的合作关系，为后续的业务合作打好基础。

例如，政企领域重要的网络安全服务商齐安信申请成为北京 2020 冬奥会的赞助商。

5．奖项背书

与"官方背书"相对应的还有"奖项背书"。许多 To B 公司会选择参选行业奖项，这可以作为有利谈资去做 PR 宣传，同时也可以提升品牌的行业知名度。

最后需要说明两点。

第一，以上仅是 To B 宣传方式的一些举例，随着社会形态的发展还会出现更多的方式。

第二，上述内容按线上线下进行了分类，但其实有时候线上与线下并没有本质的区别。例如：一些线下宣传（例如电竞赛场、体育赛场的广告），当可以通过电视或网络转播呈现时，又成了线上广告，并且效果倍增。

8.3 办一场行业会议

8.3.1 了解会议营销

Salesforce 创始人 Benioff 曾说："对于 To B 企业而言，获客最好的方式即内容营销和会议营销。"

会议营销是特别适合 To B 产品的推广形式。会议营销有两个好处。

第一，可以锁定特定顾客。来参会的都是特定的行业客户，几乎是百分之百的目标客户，把几百上千的目标群体聚集在一起集中宣传，威力巨大。

第二，隐藏式销售。可以通过台上演讲、台下专家交流、宣传册发放、现场注册领取奖品等丰富的形式收集客户线索。这不再是干巴巴的现场咨询，也不是简单的产品介绍，更不是目的过于单纯的上门拜访，而是以更丰富更专业的形式推进合作、建立生态。

对于 To B 公司而言，可以适当参加、赞助一些行业会议，采取商务同事跑会场、技术专家做嘉宾分享、买奖、品牌露出等方式，以较低的成本去做会议营销。

但单纯参会带来的效果有限，在业务发展到一定规模的时候，可以尝试举办会议。办会投入高，但效益也大。办会规模可大可小，可以举办大规模的行业峰会，也可以举办小规模的城市沙龙，还可以面向特定客户举办闭门会。

一般来说，在规模不大的团队，To B 产品经理需要亲自参与筹办沙龙或会议。对于大的团队，一般会由商务同事根据市场情况进行评估（比如觉得哪个区域有必要进行会议宣传），然后给市场部提需求，市场部安排资源办会。在这种情况下，也需要 To B 产品经理参与策划和筹备。

总体而言，由于 To B 产品经理对产品的各方面最熟悉，会在办会过程中背负大量工作，所以有必要对办会的主要流程有所了解。

8.3.2　To B 产品经理需要了解的办会流程

以下从筹备阶段（办会前）、进行阶段（办会中）、总结阶段（办会后）3 个阶段对办会流程进行梳理。

1．筹备阶段

筹备工作是办会的重中之重。筹备伊始，可以整理如图 8-10 所示的筹备 Check List，一项一项跟进。根据笔者经验 Check List 可以包含多达 50 个子项，详细模板可以关注本书勒口的公众号，进入后回复"办会"获取。

阶段	序号	事项	子项	详情	负责人	干系人	截止日期	完成情况	备注
筹备阶段	1	目标主题	确认目标						
			确认主题						
	2	嘉宾邀请	嘉宾甲						
			嘉宾乙						
			……						
	3	物料筹备	舞台设计						
			邀请函设计						
			官网建设						
			PPT模版						
			报名宣传文案						
			报名宣传海报						
			会议现场宣传画						
			现场易拉宝制作						
			参会证制作						
			暖场视频制作						
	4	分享筹备	分享者A，《XXX》，时间段						
			分享者B，《XXX》，时间段						
			会场预定						
			现场布置						

图 8-10　筹备 Check List

筹备阶段主要包含：目标主题确认、嘉宾邀请、物料筹备、分享筹备、会务筹备、支撑项筹备等工作。

（1）目标主题确认

所有工作开始之前，需要在团队内部明确办会的目的。是宣传品牌为主？聚拢行业合作伙伴为主？促成业务合作为主？还是多个目标兼顾。总之我们要以目标为牵引力带动后续的各项工作的展开。

明确目的之后，会议的内容都需要围绕同一个主题，所以主题也必须提前确定好。

（2）嘉宾邀请

更多的嘉宾参会，不仅可以让会议更有吸引力，而且嘉宾所在的行业圈子也会更容易和我们的生态相融合。

在嘉宾邀请环节中，以下内容都需要考虑：邀请多少嘉宾，邀请哪些嘉宾，为嘉宾提供哪些资助支持（提供多少张门票，是否包机票和酒店，流程怎么安排），通过哪些渠道邀请，为避免某些嘉宾无法到场是否需要做冗余准备，等等。

（3）物料筹备

物料是会议的基础要素，都必须提前准备好，需要大量的准备工作，至少包括以下内容。

① 舞台/会场设计

② 邀请函设计

③ 会议官网建设

④ 分享PPT模板设计

⑤ 报名宣传文案/海报筹备

⑥ 会议现场宣传册设计

⑦ 现场易拉宝设计制作

⑧ 参会证制作

⑨ 暖场视频制作

（4）分享筹备

演讲分享是会议的血肉，是吸引客户参会的核心所在。

我们需要提前围绕会议主题，明确每一场演讲的演讲者、演讲主题、演讲内容（需要避免各项演讲内容的类别重复，尽量分享涉及客户关心的各个方面），梳理整体分享顺序、各环节对应的时间段。

在这一过程中，需要有专人负责，与各分享者持续交流，优化分享内容，对分享进行预演练。

（5）会务筹备

会务筹备工作量非常大，需要有多人参与，分别负责多个模块，保证各项工作稳妥筹备。

会务筹备至少包含以下工作。

① 会场预定

② 现场布置

③ 主持人及讲稿安排

④ 入场指引人员安排

⑤ 签到礼包/奖品准备

⑥ 签到签退机制

⑦ 现场翻译功能接入

⑧ 嘉宾接待人员安排/嘉宾伴手礼安排/嘉宾午餐安排/嘉宾晚宴安排/嘉宾酒店安排

⑨ 茶歇安排

⑩ 各项支持供应商安排

⑪ 摄影录像团队安排

⑫ 设备调试

⑬ 现场大概流程彩排

（6）支撑项筹备

支撑会议项目进行的基础性工作，包括项目立项、资金申请、嘉宾差旅邮件通知等工作。

2. 进行阶段

举办会议当天，是前期1个月甚至数个月筹备工作的展现时机，需要将前面各项要素捏合在一起，确保会议顺利进行。

在会议当天，至少需要做好以下工作。

① 现场观众和嘉宾的接待与引导

② 暖场视频/演讲PPT播放/翻译相关工作

③ 整体台控

④ 流程环节的节奏把握

⑤ 午餐/晚餐/茶歇的接应

⑥ 客户问答/客户抽奖

⑦ 客户信息收集/会后客户建群

总体而言，在会议过程中，既要保障各项筹备工作的顺利进行，又要保障观众及嘉宾的现场体验。例如，中场休息期间的茶歇环节既可以缓解疲劳，又给了观众自由交流的机会。

3. 总结阶段

会议结束后，一是需要将配套的 PR 宣传、费用报销等工作有序完成；二是需要将线索转化、效果复盘等工作做到位。

（1）会后工作

会后配套工作，至少包括以下内容。

① 嘉宾机票、酒店的报销

② 其他费用的报销

③ PR 文章/公众号文章的输出与发布

④ 现场照片/宣传视频的制作、整理、发布

（2）效果复盘

前面办会的大量投入都是为了提升办会效果，对办会效果的复盘工作是会后的重中之重。至少包含以下工作。

① 满意度问卷设计

② 满意度收集

③ 线索整理

④ 客户回访与合作洽谈

⑤ 会议效果数据整理

⑥ 会议总结报告/邮件输出

满意度问卷设计和满意度收集工作用来对观众参会体验进行评估，对缺点进行反思，为后续的办会优化做好基础。

客户参会登记的信息是办会带来的重要财富，这些参会者都是核心目标客户，需要将这些线索进行详尽整理。

商务同事基于办会收集的线索，通过电话、QQ、微信、邮箱等方式对客户进行回访，建立客户关系，了解客户需求，推荐自家产品，争取能够与目标客户建立合作关系，将积累的线索成功转化。

会议数据整理可以对会议效果进行量化，可以从以下维度考虑：参会人数、参会厂商数量、成单数量、成交额、线索转化比例、公众号增粉数量。

最后，将会议的整体筹备、现场情况、会后效果等内容进行完整整理，作为主体内容输出会议总结报告。

最后需要说明的是，办会没有标准，在不同行业、不同场景下的工作都会不同，在具体工作中需要 To B 产品经理结合实际场景做出决定。

8.4 商务拓展与客户成功

即使再优秀的产品、再完美的宣传，如果没有客户合作，那也是浮沙筑高楼，将功败垂成。

客户合作的核心工作是商务拓展。此外，近年来，为了能够提升老客户的续约率挖掘老客户更多价值，越来越多的公司也组建起了客户成功团队。尽管"商务拓展"和"客户成功"分别属于商务团队和售后服务团队的核心工作，但涉及的核心理念和思路，都是需要 To B 产品经理了解的。

8.4.1 商务拓展

商务拓展工作历史悠久，它不只专属于目前热门的产业互联网，也不专属于互联网，而是有商业合作的时代就有商务拓展了。所以，商务拓展拥有自己完整的体系化知识。

商务拓展是一项根植于特定行业的工作，人脉与客户资源是商务同事的重要资源。我们会发现同一个商务同事会在特定行业中的多家厂商不断跳槽任职，我们也会发现如果一个新组建的 To B 团队想要拓展业务，会首先从行业中挖掘拥有众多客户资源的人才。所以，商务拓展是一项严重依赖线索和客户资源的差事。拥有客户资源的商务专家是 To B 领域的宝贵财富。

做商务拓展之前，需要首先对客户进行划分，然后采取对应的策略去攻克。做到"知彼知己"。

"知彼"即要理解目标客户，懂得目标客户的分类。客户类型划分的维度多种多样，例如：客户规模大小、垂直行业归属、客户地理区域归属、客户生命周期，等等。

"知己"即要理解自己公司的商务拓展方式，以自己的商务拓展方式和对应的客户建立合作。To B 公司需要根据客户类型划分的维度制定对应的策略。例如，可以根据客户规模大小维度组建不同类别的商务团队（面向 KA 客户的团队、SMB 客户的团队，等等），可以根据行业归属维度组建面向垂直行业的商务团队（电商行业商务团队、游戏行业商务团队，等等），可以根据地理区域组建面向特定区域的商务团队（华北区、华东区、华南区，等等）。客户生命周期维度一般不用来作为划分商务团队的依据，而是方便用来制定不同的策略，在不同生命周期的群体上都实现价值最大化。

1. 客户划分方法

对客户的划分，不同的公司会根据实际情况制定不同的划分方式，IDC、

Gartner 等公司都有自己的划分方式。

如图 8-11 所示，Gartner 公司曾经对 PC（个人电脑）市场客户做了划分。除了划分不同垂直行业之外，还根据客户规模将商业客户划分为小型家庭办公、小型企业、中型企业、大型企业、超大型企业等类型，并为不同客户规模制定了归类标准。

图 8-11 Gartner 对 PC 市场客户的划分

按客户规模大小进行划分是最重要的客户划分方式。尤其是当我们把视角聚焦在具体的 To B 产品上时，会持续地思考针对大客户和小客户的不同商业化方案。

在互联网领域，可以根据客户规模的大小对客户做如下划分。

（1）SVIP 客户：每年可以为公司带来几千万元甚至上亿元收入的客户，可以归类为 SVIP 客户。公司需要安排特定商务同事重点跟进 SVIP 客户的合作。一个商务同事一般可以负责 1~2 家 SVIP 客户，不能同时负责太多家。商务同事需要高频拜访客户甚至在客户公司驻场，与客户建立密切合作关系。

（2）KA 客户：行业头部客户，例如行业 TOP100 或 TOP200 的客户，每家客户可以为公司带来百万元到千万元级别的收入。一个商务同事会负责多家这样的公司，并保持较高频次的上门拜访和较好的客户合作关系。

（3）SMB 客户：行业中的中小客户，在中国数千万家的注册企业中，SMB 客户数量占绝大多数，属于客单价不高但是客户全体数量庞大的类别。其中，公司规模比较小的客户也被称为长尾客户。这些客户分散在各个地区、各个领域，很难通过自有商务团队进行覆盖。一般会采取区域代理商合作的模式进行商务拓展。

SVIP 客户和 KA 客户不仅可以为客户带来大量收入，而且可以将 SVIP 客户和重点 KA 客户建设成标杆客户，进行样板宣传，进而引导 SMB 客户购买产品。先打造行业标杆客户再铺量推广是 To B 公司商业拓展的常用策略。

2. 商务拓展方式

根据不同的客户类型和客户场景，需要采取不同的商务拓展方式。

在互联网领域，可以采取以下方式。

（1）SVIP 商务拓展：针对 SVIP 客户，除了安排特定商务同事和架构师维护客户关系并跟进合作之外，在合作方式上，还需要能够满足客户的定制化需求，能够为客户定制解决方案，能够拉动技术专家定期交流，能够安排工程师驻场支持。总之，SVIP 商务拓展需要采取最高服务等级。

（2）KA 商务拓展：KA 客户也属于客单价很高的目标群体，除了安排商务同事和架构师进行重点对接之外，还需要在产品原理讲解、方案使用指导、售前售后支持等方面保持高优先级支持。同时，要持续挖掘客户需求，提升客户价值。

（3）直销：广义上讲，SVIP 商务拓展和 KA 商务拓展都属于直销。狭义上讲，直销指的是公司组建的直接面向大量市场客户的销售团队（将 SVIP 及 KA 团队排除在外）。直销团队面向众多中小 KA 及 SMB 客户，一个商务同事面对多个客户，可以快速大规模覆盖目标市场，适合客单价适中的场景。

（4）电销：商务团队针对官网、公众号、营销 QQ、邮箱等渠道引入的长尾客户整理线索，直接进行电话沟通。这种方式不需要面对面拜访客户，成本低，适合方案简单、自助易用、客单价低的产品。

（5）渠道代理：广大的 SMB 客户群体分散在各个地区，尤其是众多二三线城市。对于中小型 To B 公司而言很难有能力组建覆盖各个城市的直销团队，这时候与各地区的代理商建立合作，利用代理商熟悉本地市场、握有众多本地市场线索的优势，就更容易达到双赢。尽管一些大型云服务公司有能力根据区域组建不同的区域商务团队，但很多时候也依然会和各代理商合作，这时候会安排公司内直销团队的商务同事分别负责对接某一个或某几个代理商。

8.4.2 客户成功

"客户成功"的概念在 To B 服务领域已经越来越常见，随之而来的"客户成功经理""客户成功负责人"等职位的薪水也水涨船高。如图 8-12 所示，在某互联网求职网站上搜索"客户成功经理"会出现很多年薪 50 万元以上的职位。

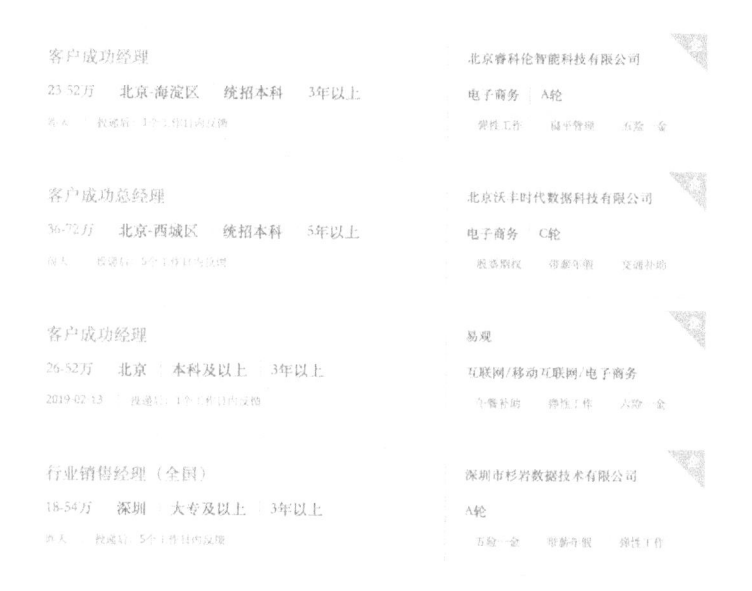

图 8-12 某求职网站的搜索结果页面

那么，客户成功到底是什么？何以被众多 To B 公司奉为圭臬，又何以让客户成功经理成为众多公司追求的香饽饽？

先解释三个名词。

（1）客户成功：英文为 Customer Success，简称 CS。

（2）客户成功经理：指的是从事客户成功工作的人，英文为 Customer Success Manager，简称 CSM。

（3）客户成功经理团队：由客户成功经理组成的团队被称为客户成功团队，简称为 CSM 团队。

接下来，从客户成功的历史、客户成功的本质、客户成功的技术三个方面来进行详细了解。

1．客户成功的历史

客户成功不是一个突然出现的概念。伴随着 To B 服务领域的不断发展和成熟，当蓝海变成红海，当拓展新客户变得越来越难，To B 公司发现用心服务好老客户，从老客户身上挖掘更多价值变得越来越有必要的时候，也就宣告了客户成功这个概念的诞生。

所以，CSM 团队就是为降低客户流失率而生的，CSM 团队的首要目标就是成为 churnfighters（churn 的原意是奶桶、搅乳器，被用来描述客户流失相关的含义，例如，churn-rate 表示客户流失率，这里 churnfighters 可以描述为"与客户流失进行战斗的人"）。

尽管人们往往会把客户成功和 SaaS 领域的 Salesforce 公司联系在一起，认为客户成功是 Salesforce 公司的首创，但其实客户成功并非首先诞生于 Salesforce 公司，甚至并非来自 SaaS 领域，而是 Vantive 公司。

故事是从 Vantive 公司的意识觉醒开始的。

1996 年，售卖 CRM 软件的 Vantive 公司意识到一个严重的事实。

他们发现，在整个行业内企业 CRM 系统的故障率都非常高。尽管他们在最开始售卖软件永久许可证的时候已经获得了大部分利润，但是，签约后在实施过程中的失败，不仅危及后续的销售，而且在可预期的后期支持维护上的费用方面也有重大损失。

Vantive 公司意识到了服务好老客户的重要性。公司的首席执行官 John Luongo 随后雇用了 Marie Alexander 来管理 Vantive 的售后服务团队。

在 1996 年—1997 年间，Marie 创建了一个新的部门，被称为 Customer Success，并在与潜在客户签合同之前就向他们开始介绍这个团队。介绍时候的描述是："这是客户成功团队，它将确保您成功地使用 Vantive。他们的报酬是基于您的成功。"

对于 Vantive 来说，他们的目标是通过客户成功团队服务好客户，让 100% 的客户愿意在任何时候作为推荐人向其他公司推荐自家产品。

虽然并不是每个潜在客户都被指派了一名客户成功经理，但这个与客户对接的过程都是从一个问题开始的："（问客户）你将如何定义你的成功？你对我们有什么期望？"

然后在 Vantive 的系统中记录这些期望，并把负责与客户合作以实现这些期望的客户成功经理介绍给客户。

在 6 个月后，该期望列表将被发送回客户，并安排一次总结会议。

客户服务团队询问客户是否觉得他们成功了。如果有任何顾虑，将对此事进行探讨，并适当重新确定接下来 6 个月的预期。

……

在 Vantive 最早创建客户成功团队来服务好客户的过程中，表面看起来是让客户满意，但是其背后的核心驱动力却是：拓展商务关系和增加售后收入。正是因为传统的组织结构不完整，所以 Vantive 创造了这样一种新的方式。

随后，客户成功在多个公司各有发展。

到 2005 年，SaaS 巨头 Salesforce 发现，公司在以惊人的速度获取新客户的同时，顾客流失的数量也同样惊人。Salesforce 意识到如果客户大量离开，就没有办法通过增加足够多的新客户来让公司继续生存下去。

虽然 Salesforce 并没有将客户成功作为一种新的职业来打造，但公司很快就建立了当时业界最大的客户成功部门，引起了客户成功理念在各地的广泛传播和学习。

在中国，根据报道，大约最早在 2012 年由北森公司 CEO 将客户成功理念引进了中国，并在北森公司内率先组建了国内最早的客户成功团队。

2．客户成功的本质

客户成功的本质是服务理念的升级。

在企业发展到一定程度后，同样的业务需求，会有多家产品能够提供满足需求的方案，客户可以很容易更换产品，客户的更换成本变低，客户流失率就会升高。

为了保证客户对产品满意和进一步续约，并建立长期合作关系，就需要在服务过程中，融入客户成功的理念，给客户相对全面的咨询支持，给客户相对全面的需求满足，帮助客户更好地取得成功，然后才能稳住市场占有率，甚至开拓新的市场。

从本质上来讲，客户成功并非新思想，而是一种服务理念的升级。和最初的软件产品 SaaS 化一样，都是一种服务理念的升级。

服务升级第一阶段：从软件收费到 SaaS 服务。最早，软件公司卖软件，一锤子买卖，收一笔钱完事。后来理念转变了，不卖软件了，卖服务，按服务时长收费，在使用的过程中持续提供服务，甚至还会不断升级服务，把服务做得更好，长期收费，比原先更好的服务能够换来长期的收入。这样一来客户的生命周期价值就有明显提升。

服务升级第二阶段：从售后支持到客户成功。同样，客户成功也属于服务理念的进一步升级。以前的服务从自我角度出发，让客户能够用上产品就可以，但现在竞争更加激烈，这样的服务理念不能满足客户的需求，或者说比不上其他企业、其他产品对客户的支持力度，自己的产品和服务就没有足够的吸引力。这时候采用客户成功理念，是对服务理念的又一次升级。不仅要给客户提供服务，还要服务好。不仅让客户用上自己的产品，提供更多的专业化建议，还要提供更多的定制化需求的支持，让客户更好地用产品，为客户降本增效，帮助客户更好地取得成功。这样自己的产品才会更加成功。

客户成功核心的并不是 CSM 这个职位，而是客户成功这个理念。即使在 CSM 职位出现之前，To B 公司的运营、商务、支持团队，也完全可以为客户提供更好的服务，让客户用得更满意。这就是客户成功理念，而不是需要一个 CSM 名词。

3. 客户成功的技术

客户成功团队想要做好工作，需要采用哪些工具或方法？笔者对客户成功协会（ACS）给出的思路做了优化，整理如下。

（1）客户信息记录

客户成功团队所使用的 dashboard（商业智能仪表盘），应该能够直接为他们提供访问、编辑、更新客户数据的能力。有的客户成功管理系统会直接在其应用程序中维护客户记录，有的客户成功管理系统也会与 CRM 系统或其他系统中记录的这些信息进行整合。

（2）对产品使用情况的跟踪和分析

对于客户成功团队而言，能够实时了解客户如何使用自家产品的功能和特性是至关重要的。这样用来对客户使用情况进行跟踪和分析的功能，可以是公司自己设计的，也可以借助第三方应用来达到目的。

（3）价值管理

客户成功的使命是为客户和公司增加可持续的、被证明的价值。因此，能够监控客户的 ROI（投资回报率）是一项至关重要的能力，是准备组织定期的客户价值评估（有时会被称为 QBR，全称为 Quarterly Business Review，意为季度营运会议）之前必备的。

价值管理功能还包括：深入的客户流失分析报告，对潜在的和实际中的追加销售和交叉销售情况的跟踪报告，对销售价格、承诺和交易质量的分析，等等。

（4）客户情报的收集

了解客户的整体业务状况，对于客户成功经理来说非常重要。例如，假如客户的关键管理层成员离开公司，将会使稳定的合作关系很快陷入风险之中。其他需要关注的客户情报还包括：客户公司的合并、收购，客户公司的业务是否持续低迷，等等。

（5）客户反馈

客户反馈内容（对产品提更高的需求，或者他们对产品或公司整体的看法，等等）通常可以通过多种方式传递回来。无论使用何种沟通渠道，在公司内，这些反馈信息能够被捕获、被记录并可以被实时查看都是非常重要的。客户成功经理在这方面可以发挥关键作用，因为他们是最有可能收集反馈的人。

（6）维护好那些非常拥护我们的客户

愿意为你的产品和公司的质量建言献策的客户，是具有战略意义的"资产"，需要进行相应的管理。与客户反馈一样，客户成功经理通常是公司中最有可能知道哪些客户最适合被当作建言献策者的人。除了提供建议之外，这类客户在公司组织社交媒体活动时也具备关键价值。所以客户成功经理需要具备对这类客户及其使用产品效果的追踪能力。

（7）数据的集成和同步

随着时间的推移，公司内各个部门都将收集大量非常有价值的数据。让客户成功团队能够访问这些数据是一个核心需求。客户成功管理系统，必须能够接受来自公司其他系统的数据并对其进行更新，如 CRM 或销售人员自动化工具、客户支持票务系统、开发的 Bug Tracker、网站访问监视器、学习管理系统、项目管理系统，等等。

（8）客户健康度监测

具备对合作中的客户健康状况进行评估和监控的能力（既包括单独的形式，也包括作为组合的形式），是对客户成功团队的一项核心能力要求。用于跟踪客户健康状况的技术应包括：预测分析、强大的过滤和可视化功能。这一类别还包括以各种方式绘制客户旅程图的能力，特别是根据单个客户成功计划和群组监控跟踪进度的能力。

（9）客户成功经理的工作流管理

每个客户成功经理都需要直接使用技术来跟踪其日常工作流程，举例如下。

① 列出了客户成功经理待完成任务的 dashboard

② 分配到的客户状态管理

③ 分配到的任务状态及告警

④ 活动记录（包括互动类别、持续时间、结果、数量、渠道，等等）

⑤ 最佳实践指导手册

⑥ 项目管理

（10）客户成功团队的管理

正如单个的客户成功经理需要访问有关客户的所有可用数据一样，客户成功团队的负责人也需要深入了解团队作为一个整体的运作情况。客户成功团队负责人的 dashboard 展示与报告功能需要包括以下特定功能。

① 个人和团队的所有任务和活动的状态

② 单个 CS 成员的利用率

③ 单个 CS 成员的效益

附录 A
产品经理推荐阅读书单

1. 通用产品相关

《人人都是产品经理 2.0——写给泛产品经理》

《产品之旅：产品经理的方法论与实战进阶》

《解构产品经理：互联网产品策划入门宝典》

《从点子到产品：产品经理的价值观与方法论》

《启示录：打造用户喜爱的产品》

《自传播：为产品注入自发传播的基因》

《运营之光：我的互联网运营方法论与自白》

《增长黑客：创业公司的用户与收入增长秘籍》

《产品经理必懂的技术那点事：成为全栈产品经理》

2. To B产品相关

《决胜 B 端：产品经理升级之路》

《SaaS 创业路线图：To B 产品、营销、运营方法论及实战案例解读》

《B 端产品经理必修课：从业务逻辑到产品构建全攻略》

《企业 IT 架构转型之道：阿里巴巴中台战略思想与架构实战》

《IT 服务管理》

3. 基础思维相关

《系统之美：决策者的系统思考》

《影响力》

《精益商业思维》

《超级符号就是超级创意》

《华杉讲透孙子兵法》

《毛泽东选集》